長沙簡牘博物館
中國文物研究所
北京大學歷史學系
走馬樓簡牘整理組 編著

長沙走馬樓三國吳簡

竹簡〔貳〕

㊥

文物出版社

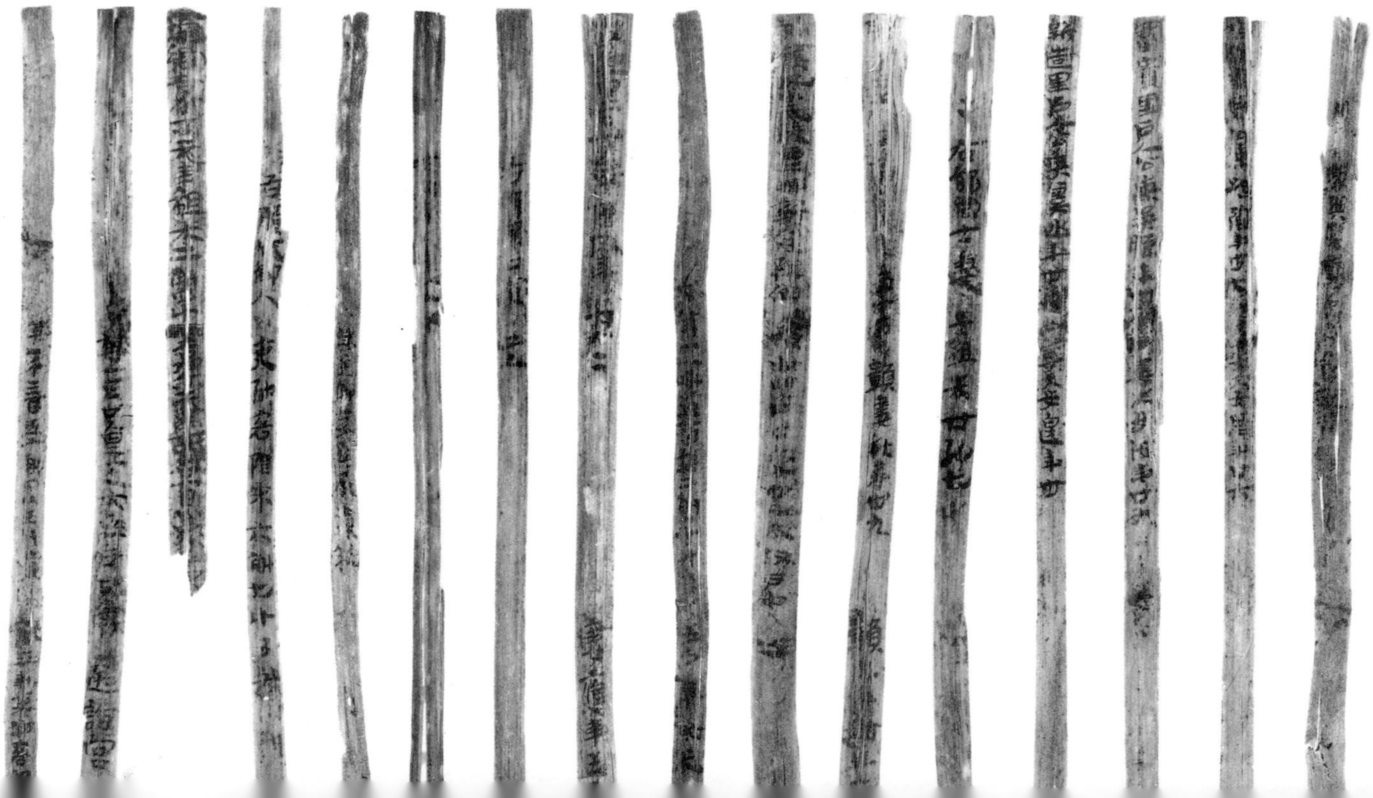

圖版

（三八七六——九〇九一）

三八七六

三八七七

三八七八　三八七九

三八八〇

三八八一

三八八二

三八八三

三八八四　三八八五

三八八六 三八八七 三八八八 三八八九 三八九〇 三八九一 三八九二 三八九三 三八九四

三八九五　三八九七

三八九六　三八九八　三八九九

三九〇〇

三九〇一

三九〇二

三九〇三

三九〇四

三九〇五

三九〇六

三九〇七

三九〇八

三九〇九

三九一〇

三九一一

三九一二

三九一三

三九一四　三九一五　三九一六　三九一七　三九一八　三九一九　三九二〇　三九二一

三九二二

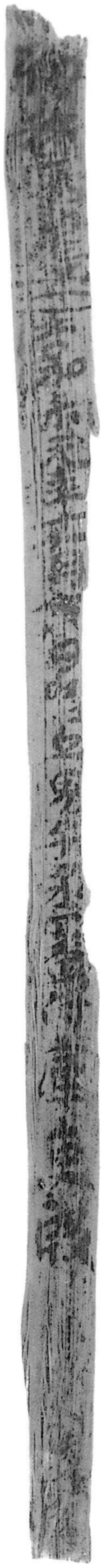
三九二三

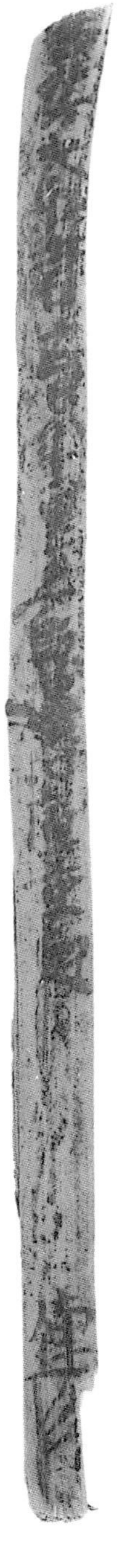
三九二四

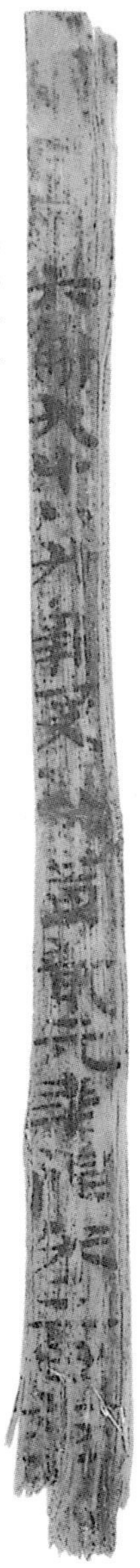
三九二五

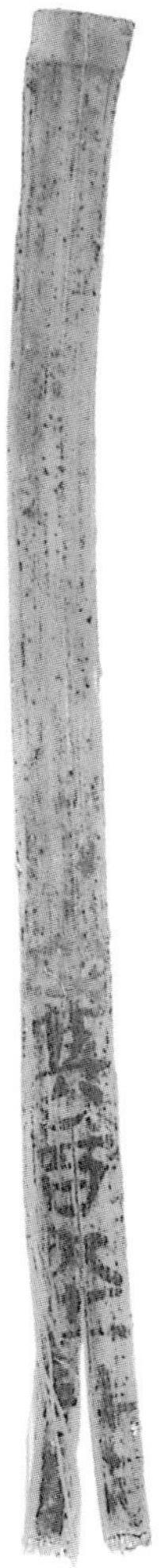
三九二六

三九二七

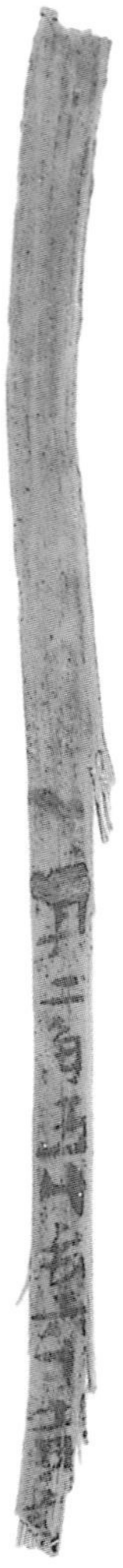
三九二八

三九二九

三九三〇 三九三一 三九三二 三九三三 三九三四 三九三五 三九三六 三九三七 三九三八 三九三九 三九四〇

三九四一

三九四二

三九四三

三九四四

三九四五

三九四六

三九四七

三九四八

三九四九　三九五〇　三九五一　三九五二　三九五三　三九五四　三九五五　三九五六

三九五七

三九五八

三九五九

三九六〇

三九六一

三九六二

三九六三

三九六四

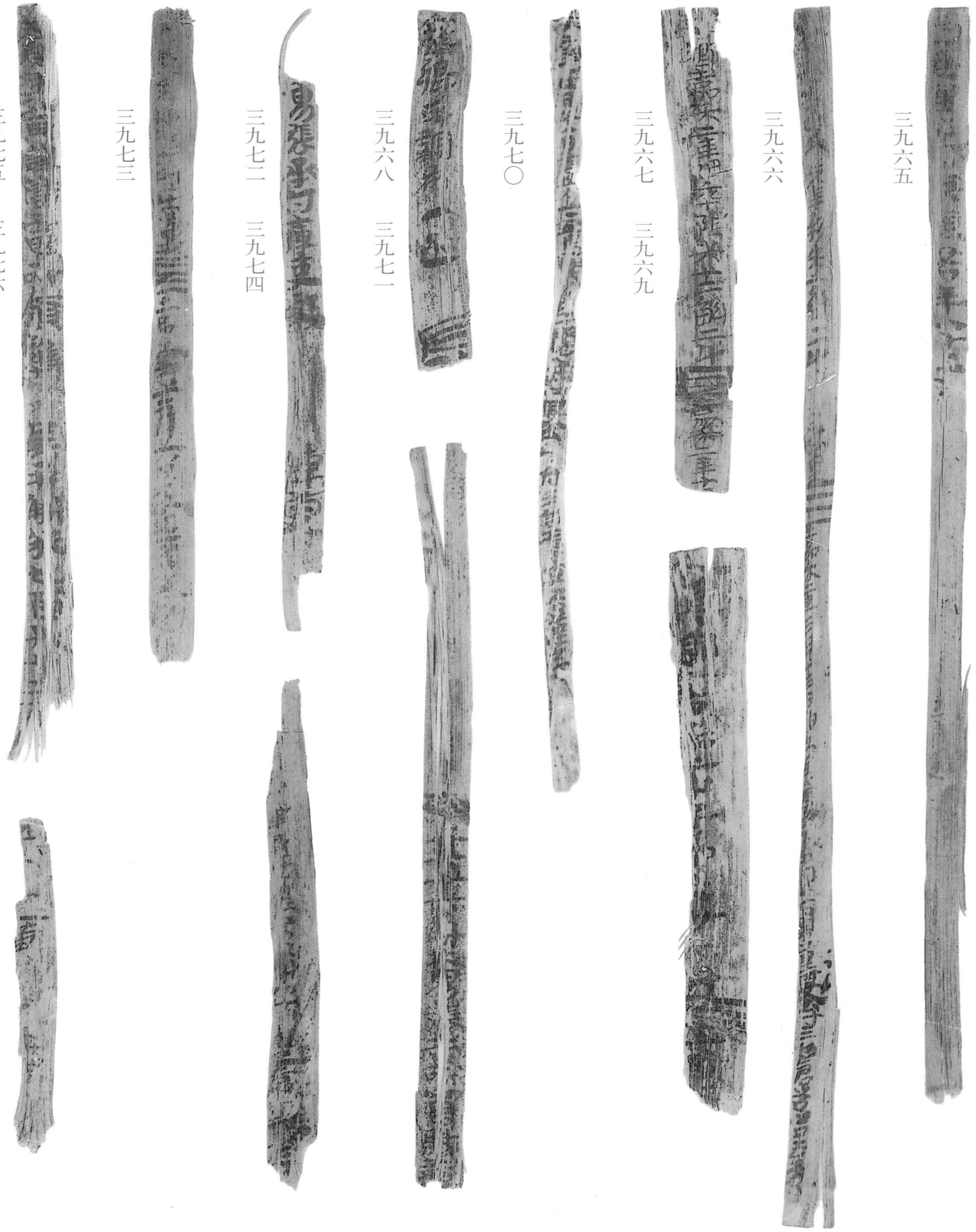
三九六五
三九六六
三九六七　三九六九
三九七〇
三九六八　三九七一
三九七二　三九七四
三九七三
三九七五　三九七六

三九七七　三九七八

三九七九　三九八〇　三九八一

三九八二　三九八三　三九八四

三九八五　三九八六

三九八七　三九八八

三九八九　三九九〇

三九九一　三九九二

三九九三　三九九四

三九九五　三九九八

三九九六　三九九九

三九九七　四〇〇〇

四〇〇一　四〇〇二　四〇〇三　四〇〇四

四〇〇五　四〇〇六

四〇〇七

四〇〇八　四〇〇九

四〇一〇

四〇一一
四〇一二
四〇一三
四〇一四
四〇一五
四〇一六
四〇一七
四〇一八

四〇一九　四〇二〇

四〇二一　四〇二二　四〇二三

四〇二四　四〇二五

四〇二六　四〇二七

四〇二八　四〇二九

四〇三〇　四〇三一

四〇三二　四〇三三

四〇三四　四〇三五

四〇三六

四〇三七

四〇三八　四〇四二

四〇三九

四〇四〇

四〇四一

四〇四三

四〇四四

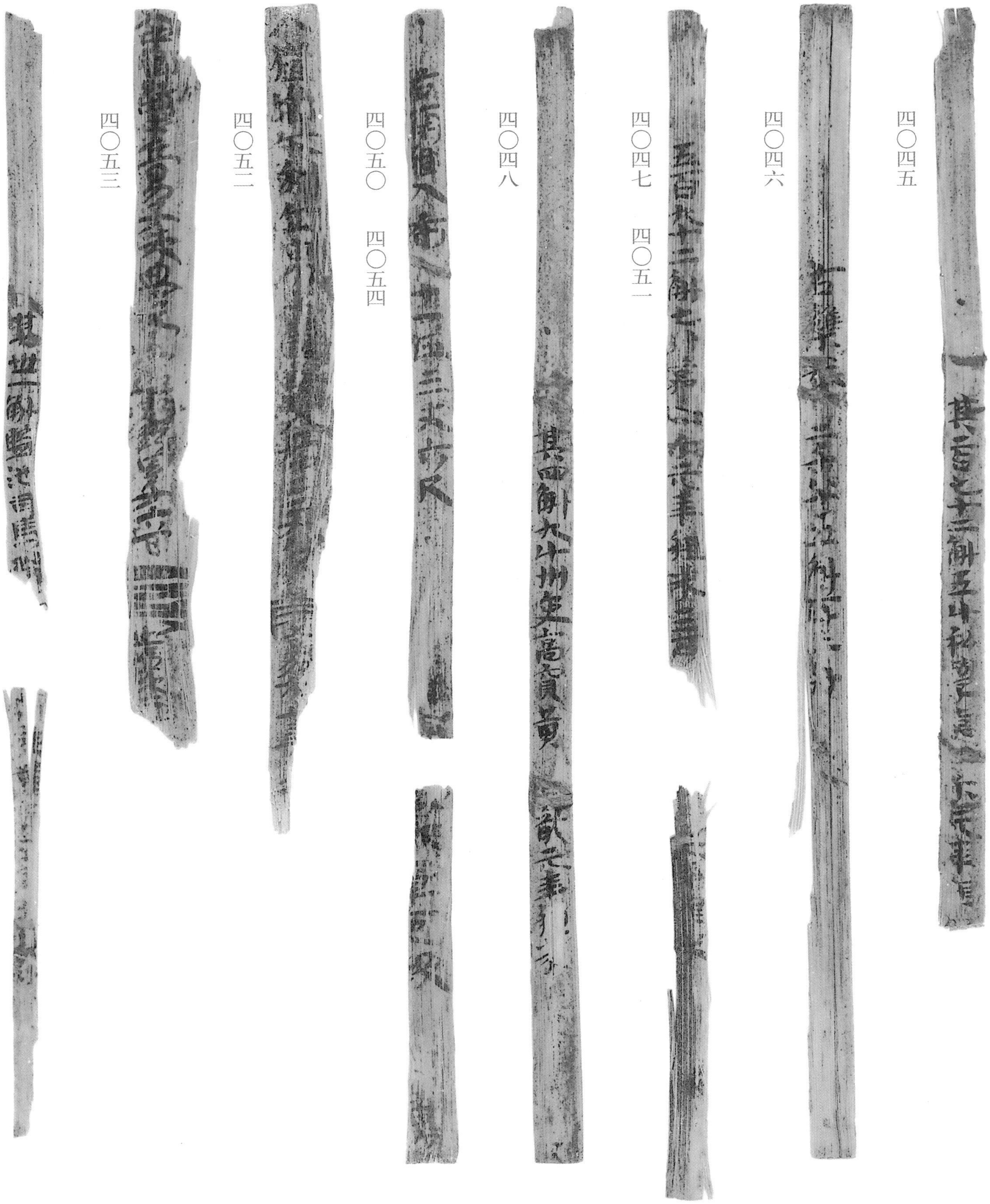

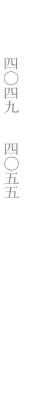

四〇四五

四〇四六

四〇四七　四〇五一

四〇四八

四〇五〇　四〇五四

四〇五二

四〇五三

四〇四九　四〇五五

四〇五六　四〇五七　四〇五八

四〇五九

四〇六〇　四〇六二　四〇六四

四〇六一　四〇六九

四〇六三　四〇七〇

四〇六六　四〇七一

四〇六五　四〇六七

四〇六八　四〇七二

四〇七三　四〇七四　四〇七五

四〇七六　四〇七七　四〇七八

四〇七九　四〇八〇

四〇八一　四〇八二

四〇八三　四〇八四

四〇八五

四〇八六+四〇九九　四〇八七

四〇八八　四〇八九

四〇九〇　四〇九一

四〇九二　四〇九三

四〇九四　四〇九五

四〇九六　四〇九七

四〇九八

四一〇〇　四一〇一　四一〇二

四一〇三　四一〇四　四一〇五

四一〇六　四一〇七

四一〇八　四一〇九

四一一〇　四一一二　四一一三

四一一一

四一一四　四一一五　四一一六

四一一七　四一一八　四一二一

四一一九　四一二〇

四一二二　四一二三　四一二四

四一二五　四一二六

四一二七 四一二八 四一二九

四一三〇 四一三一 四一三二 四一三五

四一三三 四一三四

四一三六 四一三七

四一三八 四一三九 四一四〇

四一四一 四一四二 四一四三

四一四四 四一四五 四一四六 四一四七

四一四八 四一四九 四一五〇 四一五一

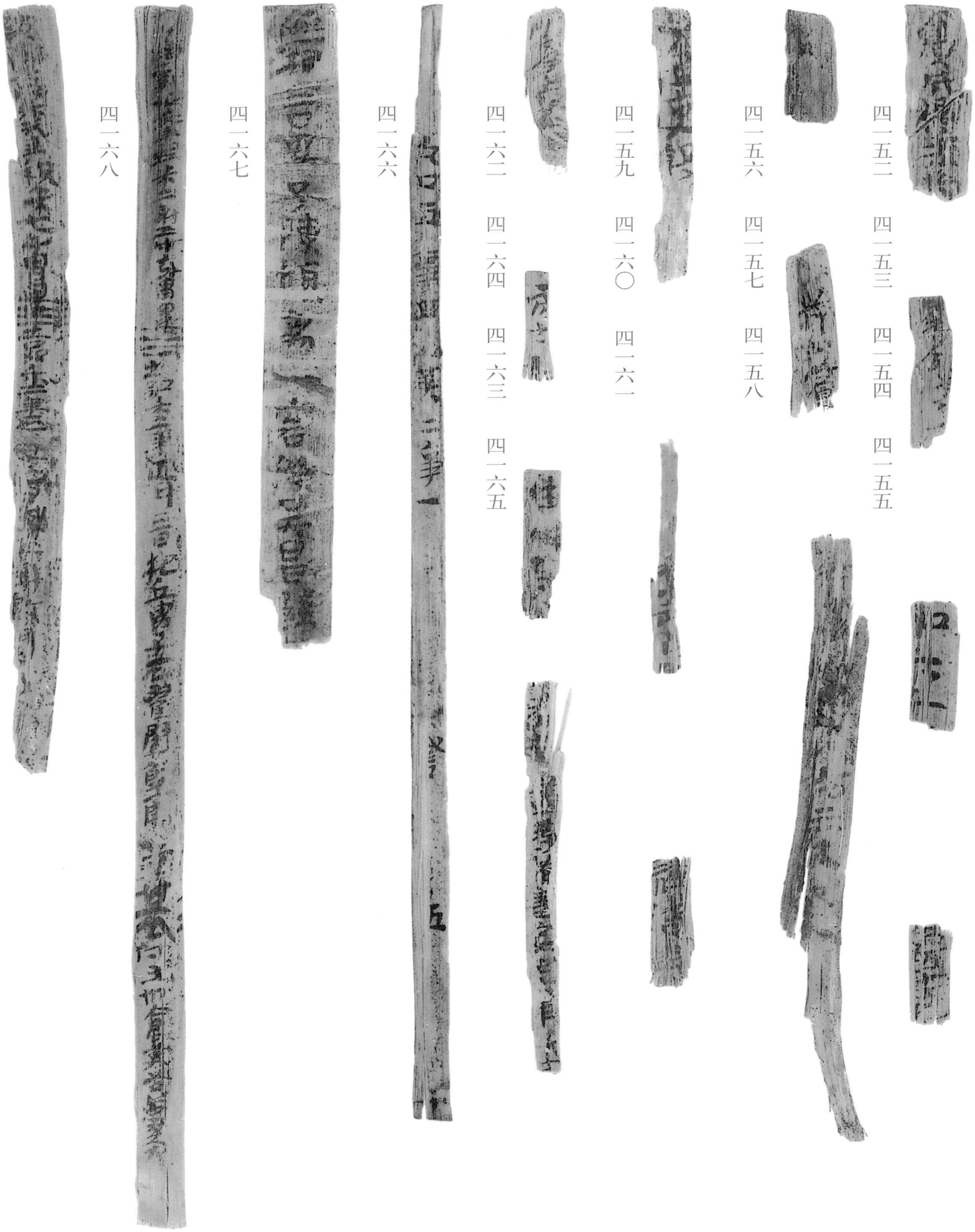

四一五二　四一五三　四一五四　四一五五

四一五六　四一五七　四一五八

四一五九　四一六〇　四一六一

四一六二　四一六四　四一六三　四一六五

四一六六

四一六七

四一六八

四一六九

四一七〇

四一七一

四一七二

四一七三

四一七四

四一七五

四一七六

四一七七

四一七八

四一七九

四一八〇

四一八一

四一八二　四一八三

四一八四

四一八五

四一八六

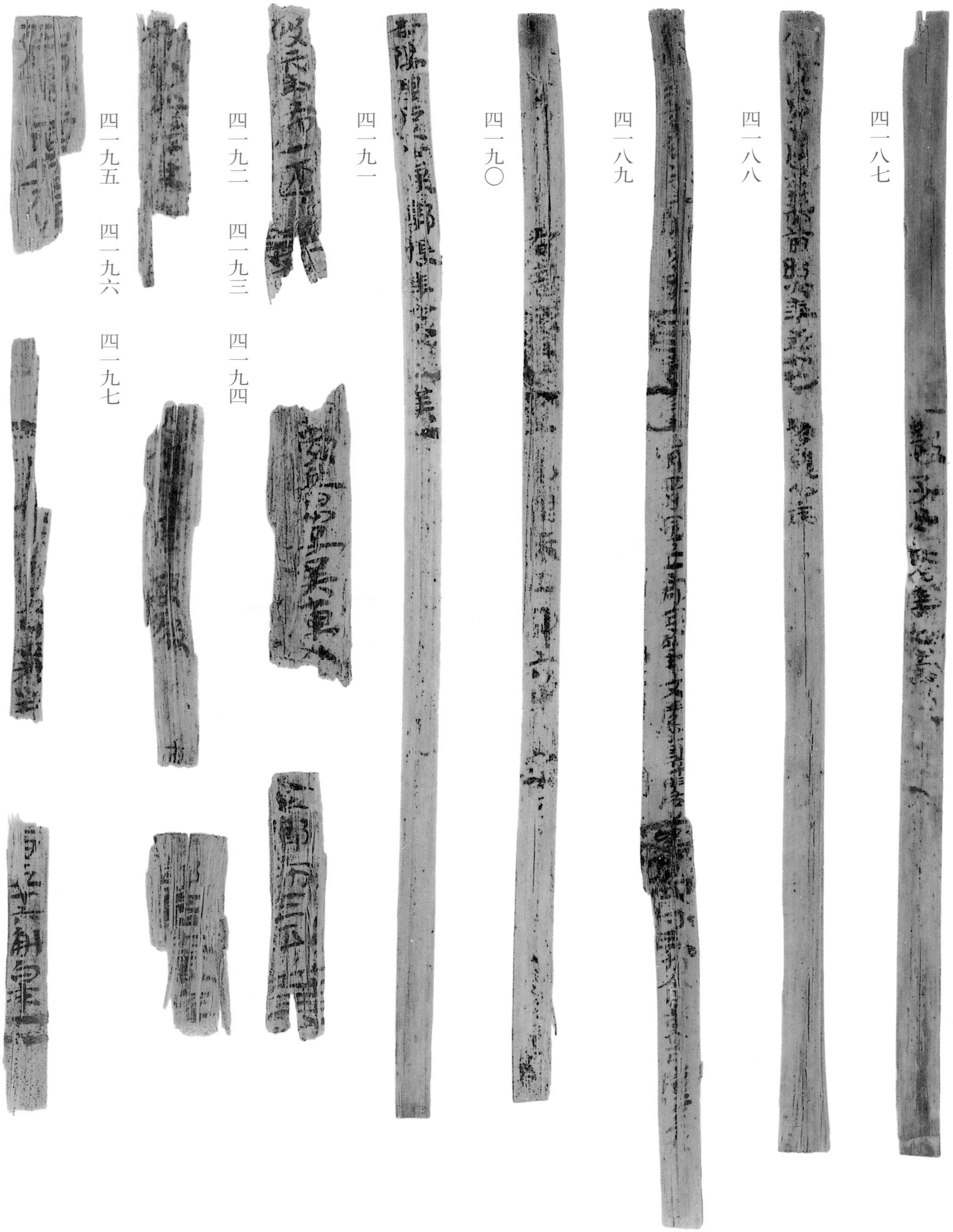

四一八七

四一八八

四一八九

四一九〇

四一九一

四一九二　四一九三　四一九四

四一九五　四一九六　四一九七

四一九八　四一九九　四二〇〇

四二〇一正　四二〇三

四二〇一背　四二〇五

四二〇二　四二〇七

四二〇四　四二〇六

四二〇八　四二〇九　四二一〇

四二一一　四二一三　四二一四

四二一二

四二一五　四二一六

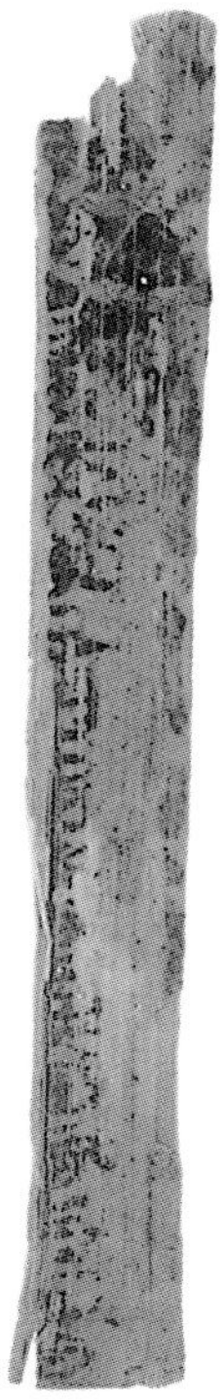

四二一七正　四二一九正

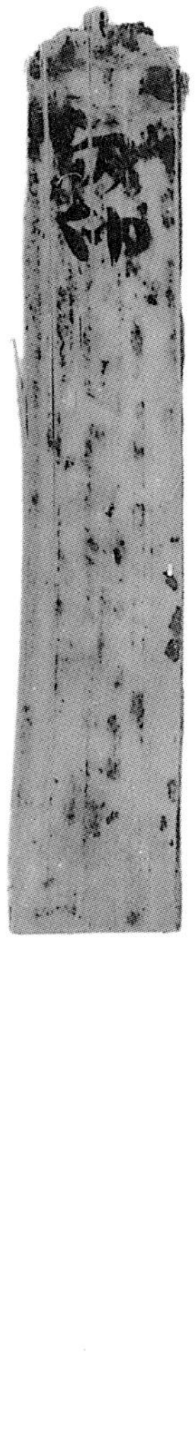

四二一七背　四二一九背

四二二〇正

四二二〇背

四二一八

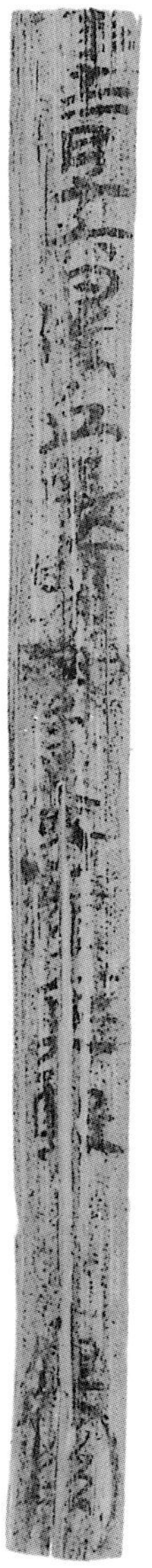

四二二一

四二二二

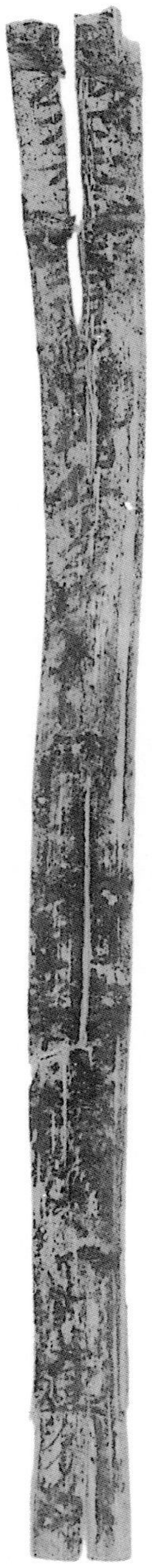

四二二三

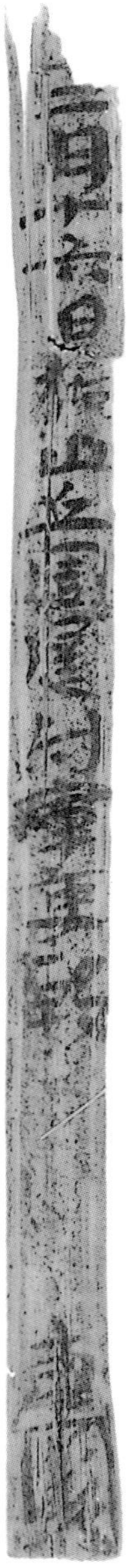
四二二四

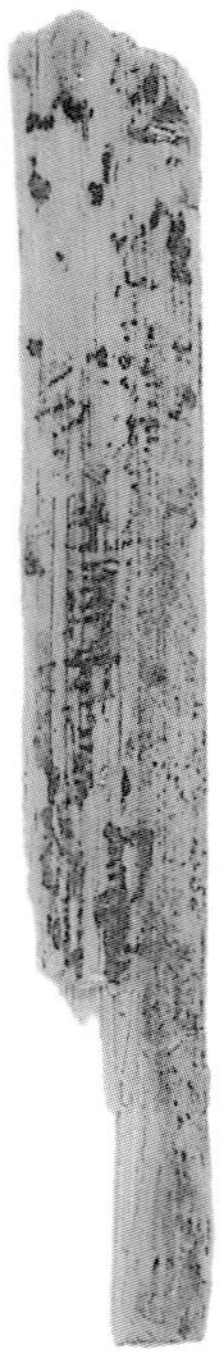
四二二五正

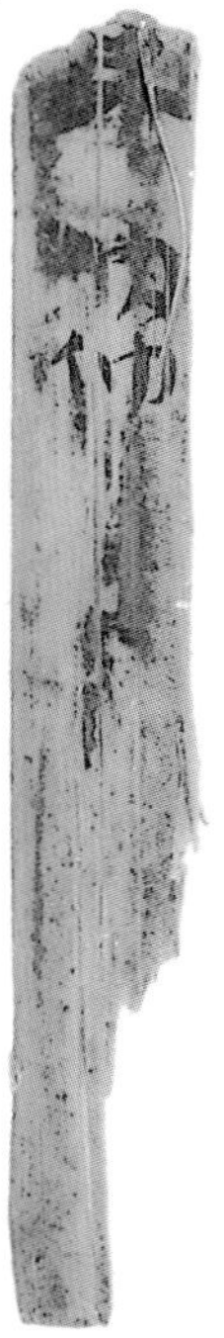
四二二五背

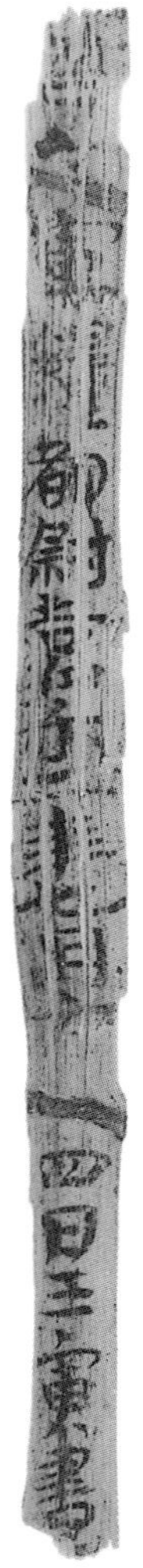
四二二九

四二二六

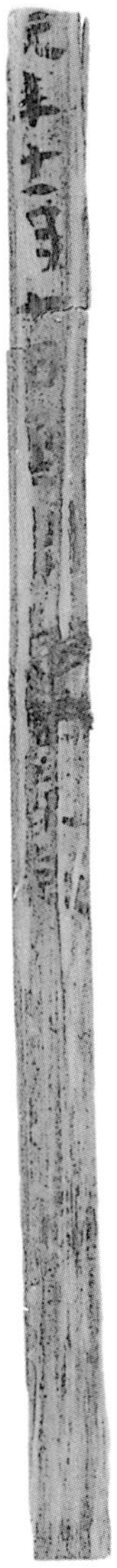
四二二七

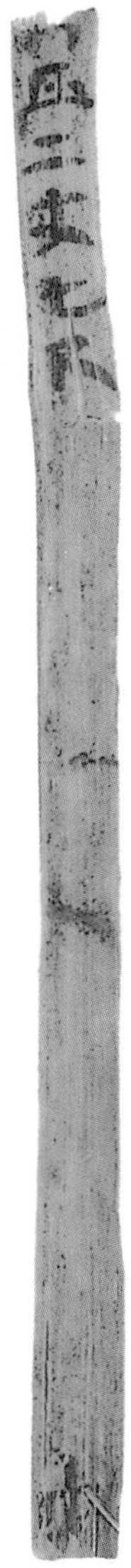
四二二八

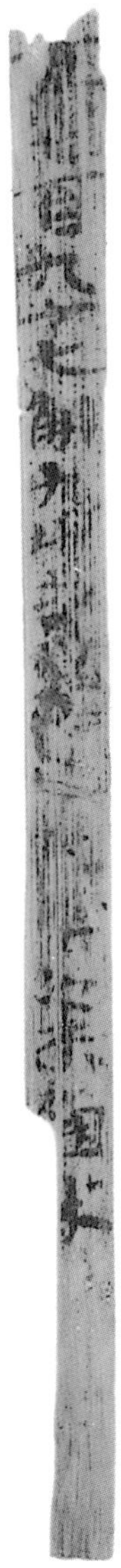
四二三〇

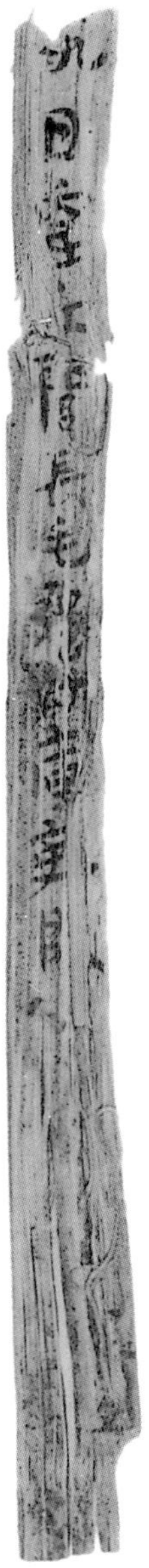
四二三一

四二三二　四二三七

四二三三　四二三八

四二三四　四二三九

四二三五　四二四〇　四二四一

四二三六　四二四二

四二四三　四二四四　四二四五　四二四六

四二四七　四二四八　四二四九　四二五〇

四二五一　四二五二　四二五三　四二五四

四二五五　四二五六　四二五七　四二五八

四二五九　四二六〇　四二六一　四二六二　四二六三

四二六四　四二六五　四二六六　四二六七

四二六八　四二六九　四二七〇　四二七一

四二七二　四二七四

四二七三　四二七五　四二七六

四二七七　四二七八　四二七九　四二八〇　四二八一

四二八二　四二八三　四二八四　四二八五

四二八六　四二八七　四二八八　四二八九

四二九〇　四二九一　四二九二　四二九三

四二九四　四二九五　四二九七

四二九六　四二九八　四二九九

四三〇〇　四三〇一　四三〇二　四三〇三

四三〇四　四三〇五　四三〇六

四三〇七　四三〇九正

四三〇八　四三〇九背

四三一〇正　四三一一

四三一〇背　四三一二

四三一三　四三一四正

四三一五　四三一四背

四三一六

四三一七　四三一八

四三一九　四三二〇

四三二一　四三二二

四三二三　四三二四正　四三二五

四三二六　四三二四背　四三二七

四三二八　四三二九

四三三〇　四三三一

四三三二　四三三三　四三三五

四三三四　四三三六

四三三七　四三三九正

四三三八　四三三九背

四三四〇　四三四一　四三四三

四三四二正　四三四四　四三四七

四三四二背　四三四五　四三四八

四三四六　四三四九　四三五〇

四三五一　四三五二　四三五三

四三五四　四三五五　四三五六　四三五七

四三五八　四三五九

四三六〇　四三六一

四三六二　四三六三　四三六四　四三六五

四三六六　四三六七　四三六九　四三七〇

四三六八　四三七一

四三七二　四三七三　四三七四　四三七五

四三七六　四三七七　四三七八　四三七九

四三八〇　四三八一　四三八二　四三八三　四三八四

四三八五　四三八六　四三八七　四三八八

四三八九　四三九〇　四三九一　四三九二　四三九三

四三九四　四三九五　四三九六

四三九七　四三九八　四三九九

四四〇〇　四四〇一

四四〇二

四四〇三

四四〇四

四四〇五

四四〇六

四四〇七

四四〇八

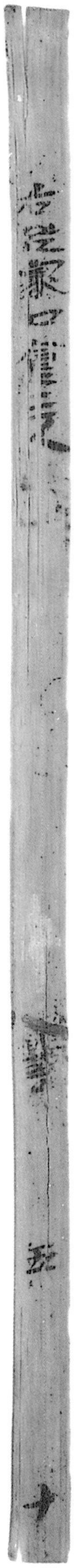
四四〇九

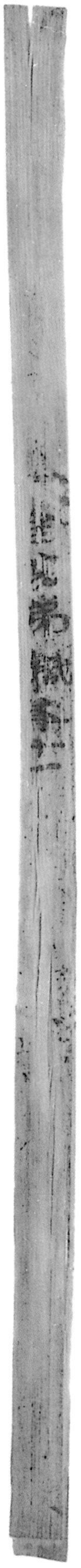
四四一〇

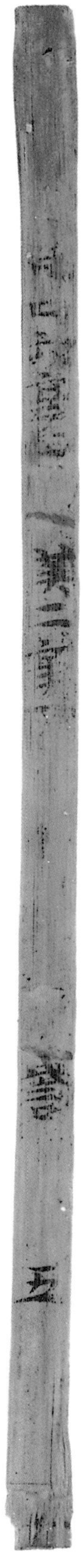
四四一一

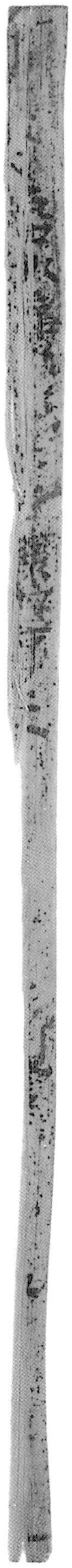
四四一二

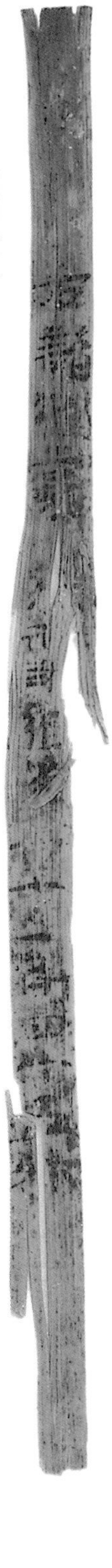
四四一三

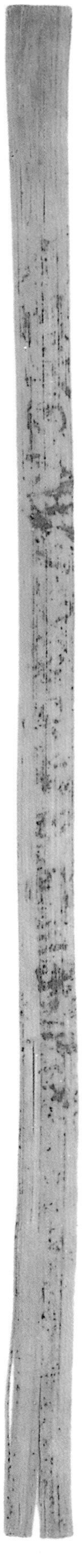
四四一四

四四一五

四四一六

四四一七

四四一八

四四一九

四四二〇

四四二一

四四二二

四四二三

四四二四

四四二五

四四二六　四四二八

四四二七

四四二九　四四三〇　四四三一

四四三二正　四四三三正

四四三二背　四四三三背

四四三四
四四三五
四四三六
四四三七
四四三八
四四三九
四四四〇
四四四一

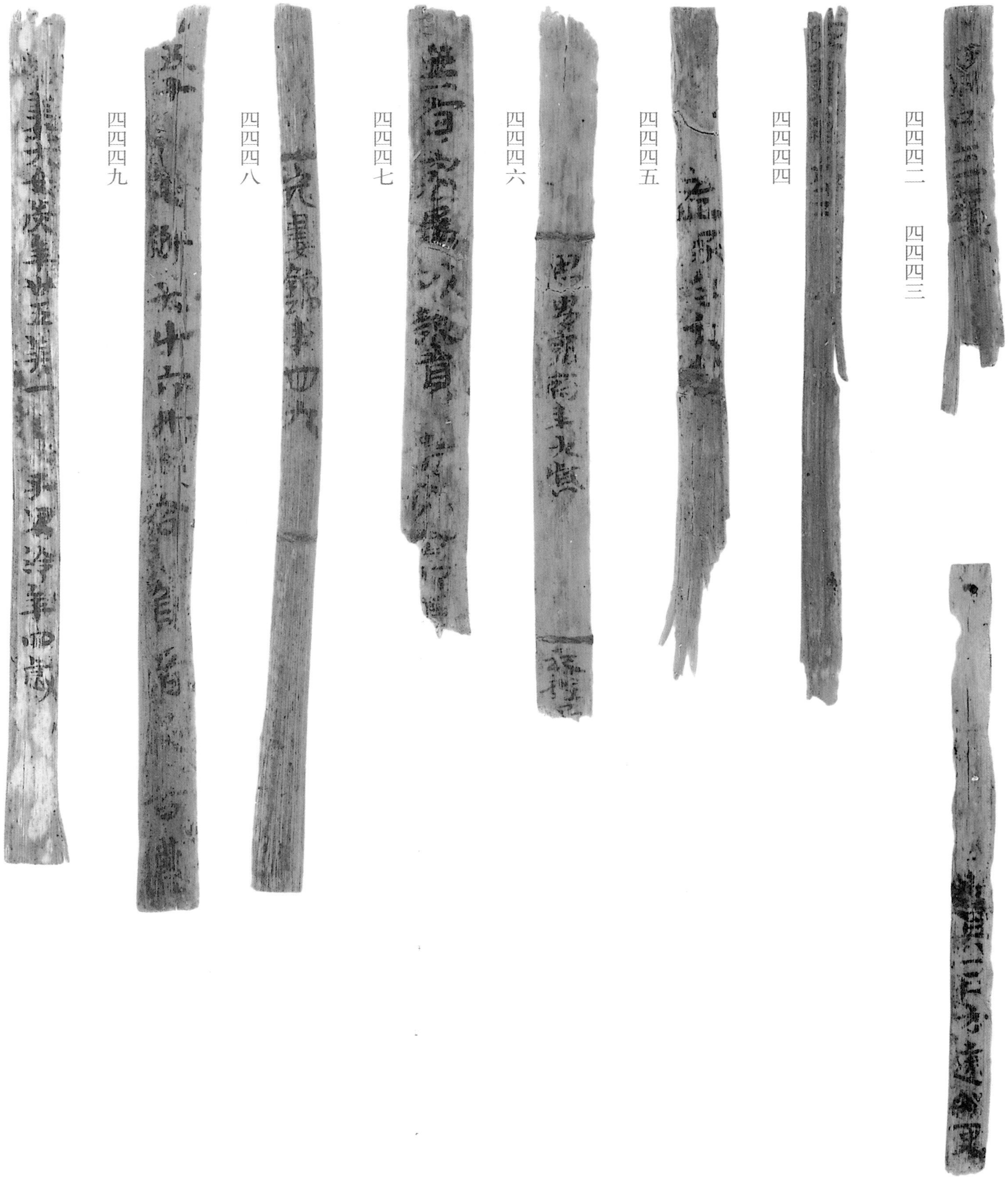

四四四二　四四四三

四四四四

四四四五

四四四六

四四四七

四四四八

四四四九

四四五〇

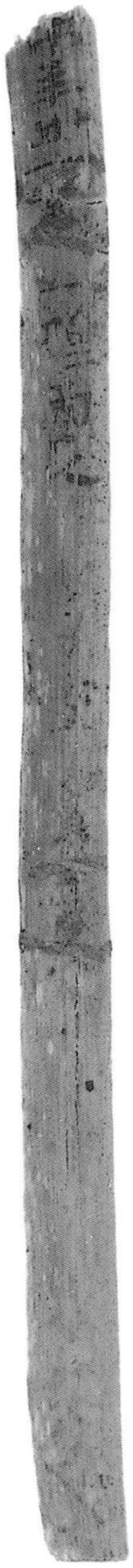
四四五一

四四五二

四四五三

四四五四

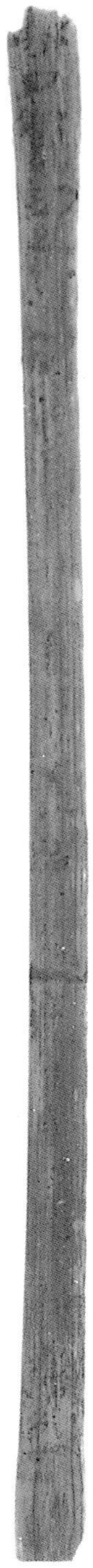
四四五五

四四五六

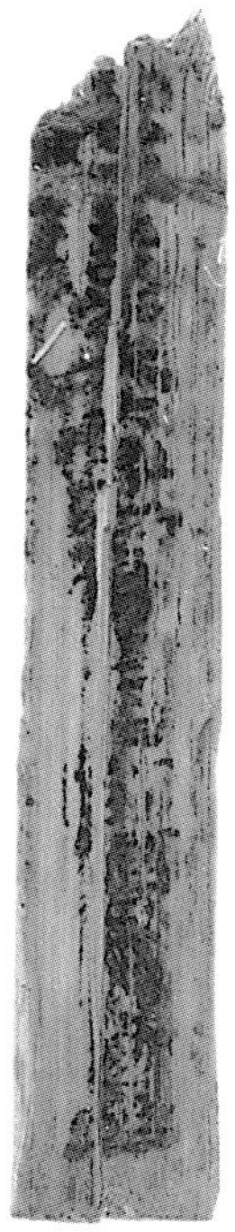
四四五七正

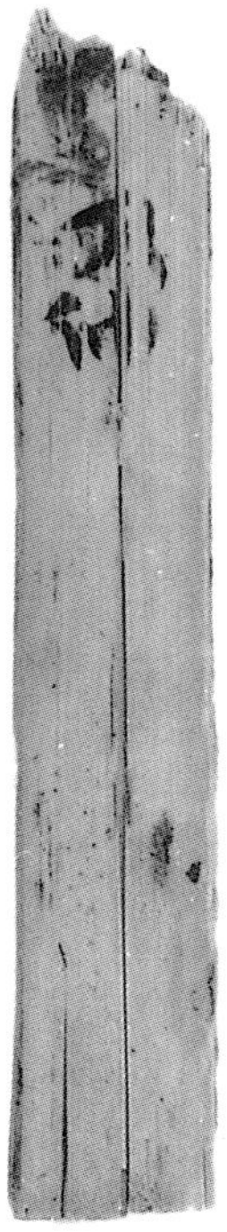
四四五七背

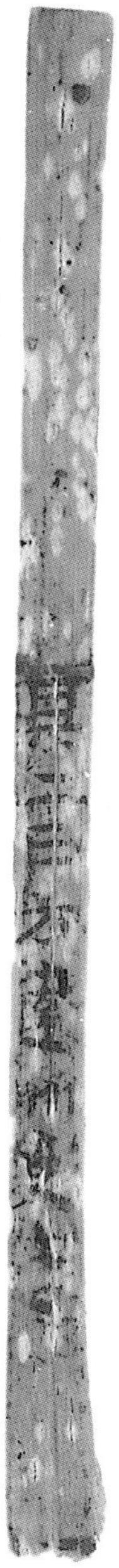
四四五八

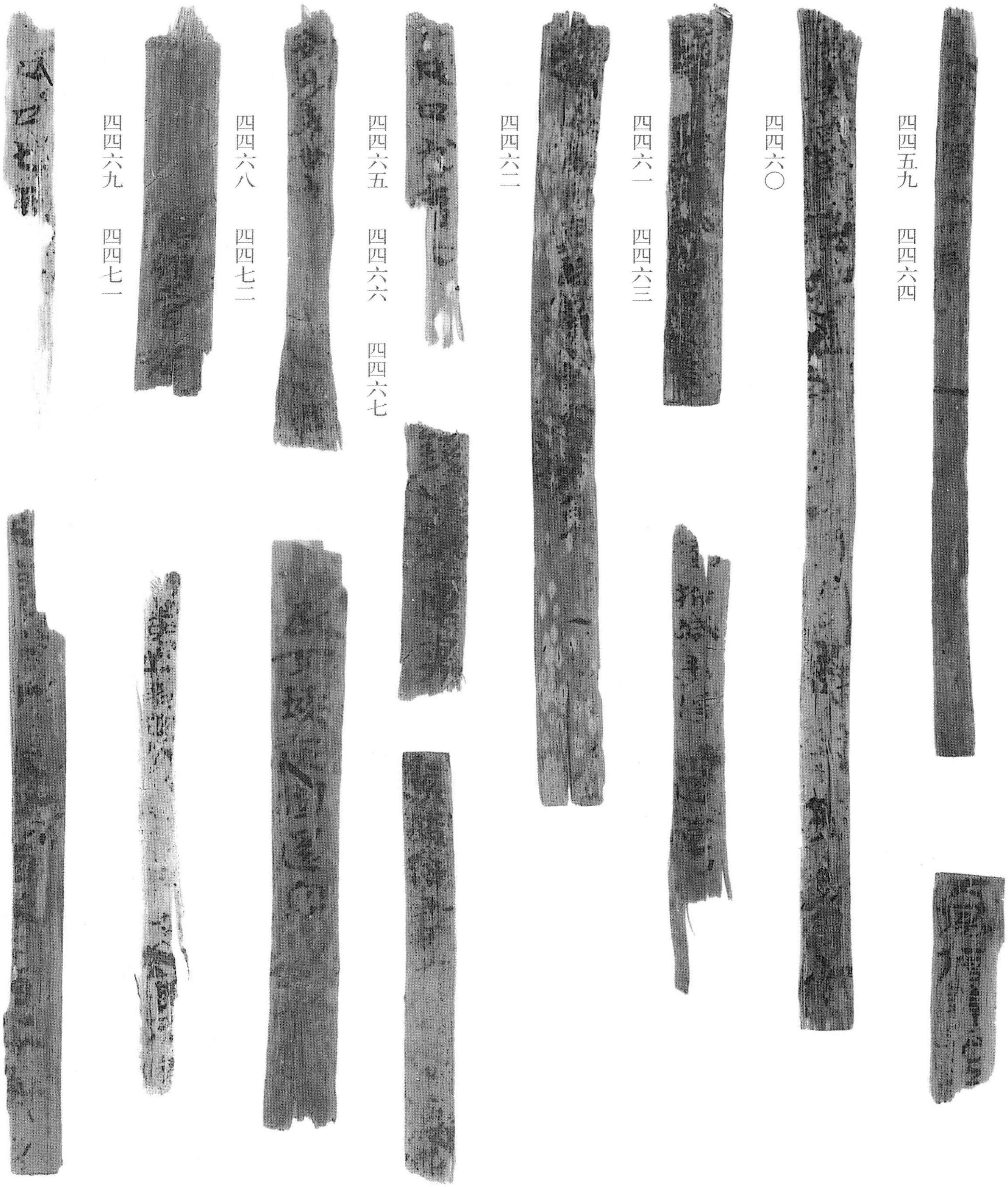

四四五九　四四六四

四四六〇

四四六一　四四六三

四四六二

四四六五　四四六六　四四六七

四四六八　四四七二

四四六九　四四七一

四四七〇　四四七三

四四七四

四四七五

四四七六

四四七七

四四七八

四四七九

四四八〇

四四八一

四四八二

四四八三

四四八四

四四八五

四四八六

四四八七

四四八八

四四八九

四四九〇 四四九一 四四九二 四四九三 四四九四 四四九五 四四九六 四四九七

四四九八

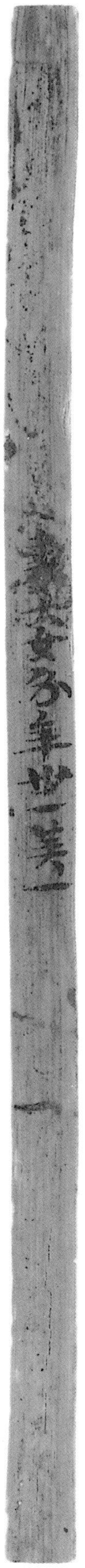

四四九九

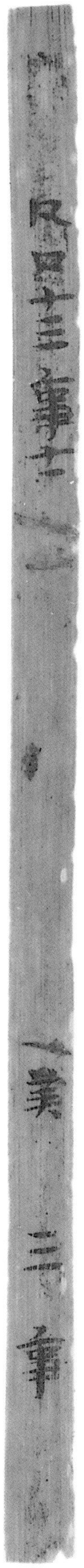

四五〇〇

四五〇一

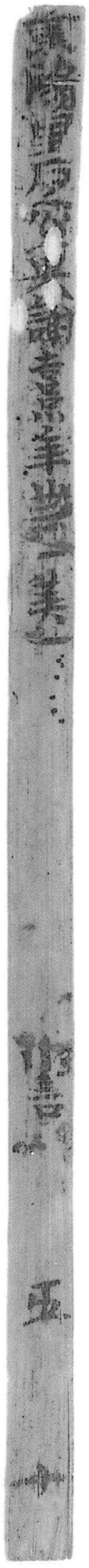

四五〇二

四五〇三

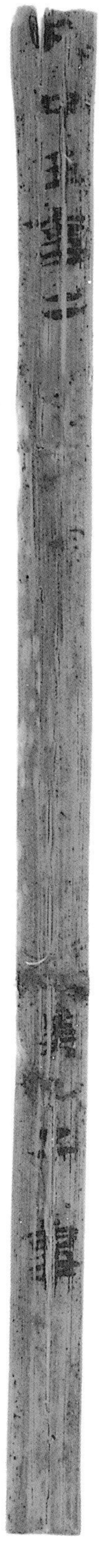

四五〇四

四五〇五

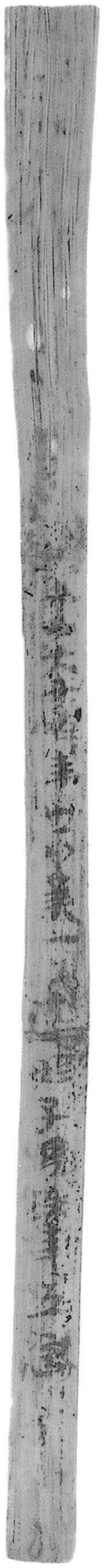

四五〇六

四五〇七

四五〇八

四五〇九

四五一〇

四五一一

四五一二

四五一三

四五一四 四五一五 四五一六 四五一七 四五一八 四五一九 四五二〇 四五二一 四五二二

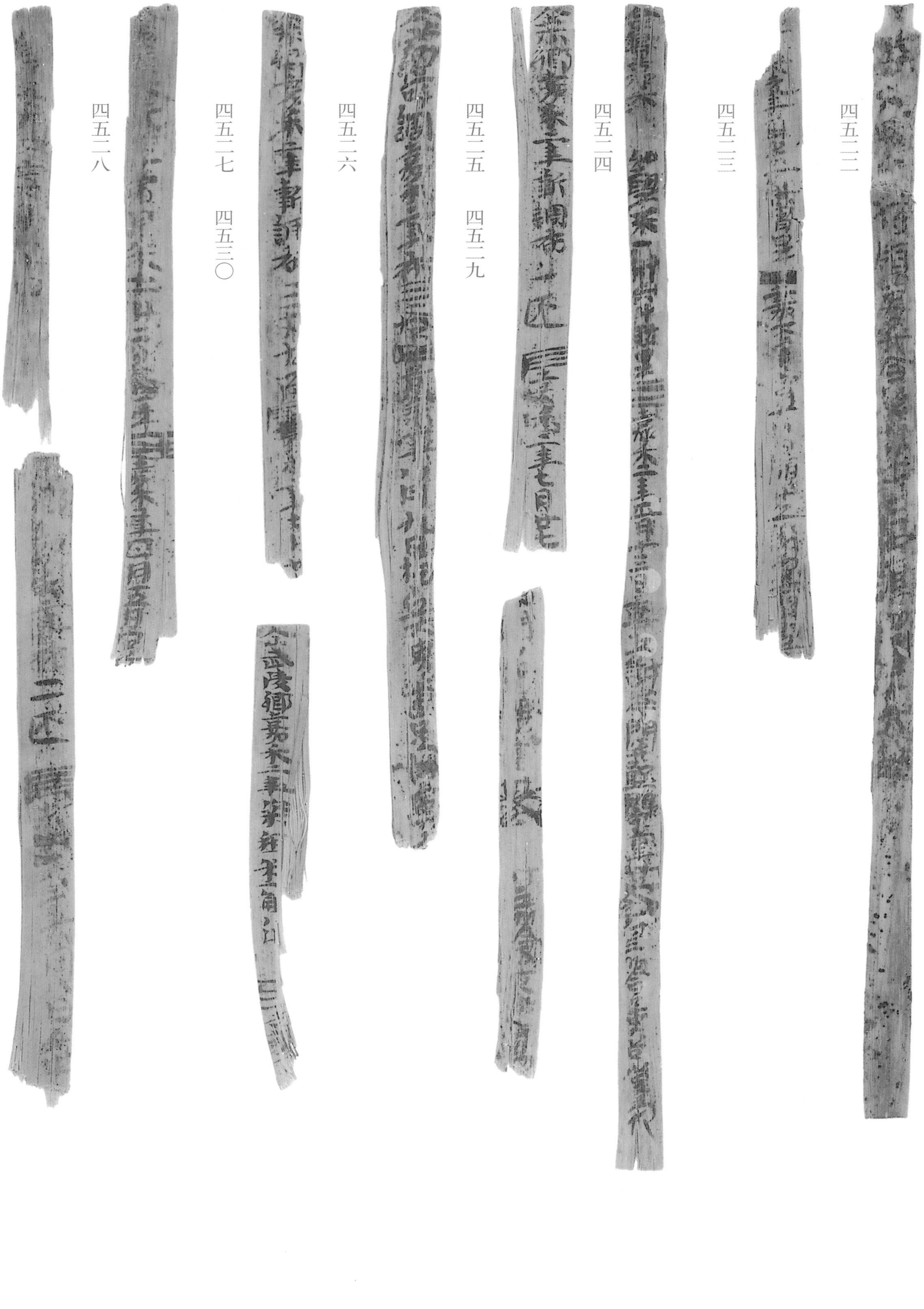

四五二二

四五二三

四五二四

四五二五　四五二九

四五二六

四五二七　四五三〇

四五二八

四五三一　四五三二

四五三三 四五三四 四五三五 四五三六 四五三七 四五三八 四五三九 四五四〇

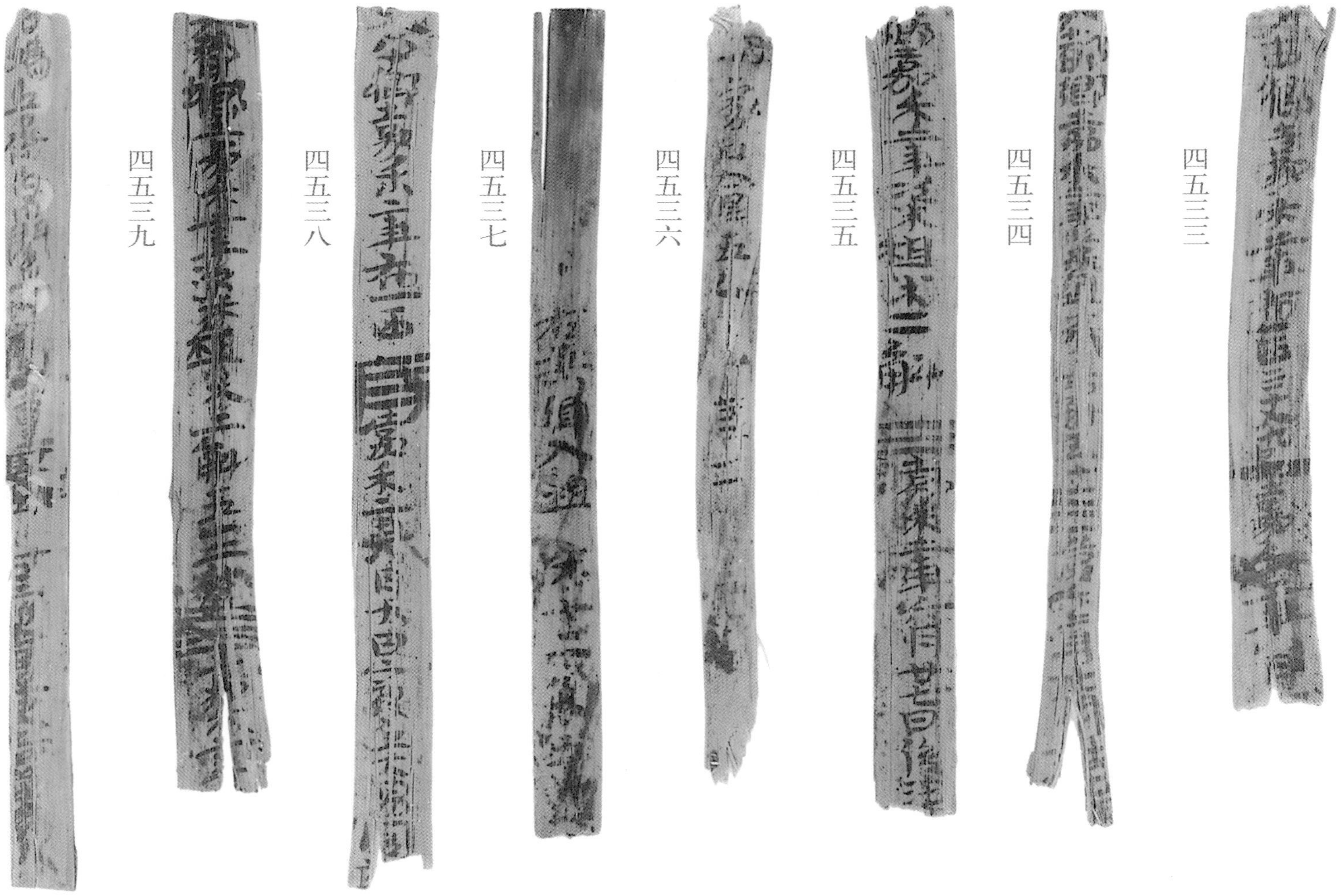

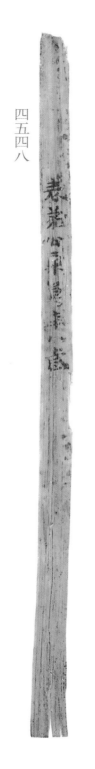

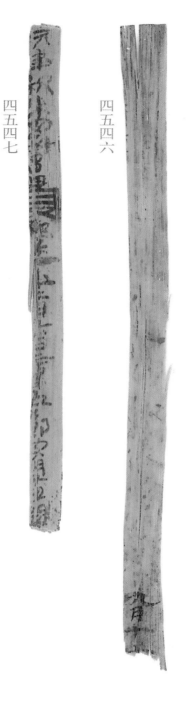

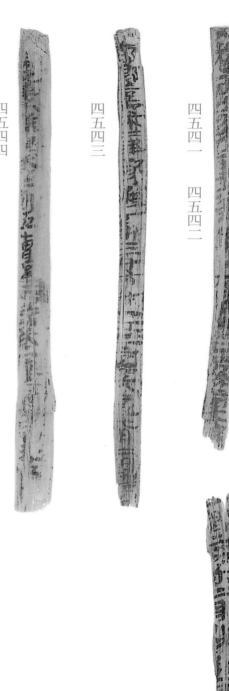

四五四一　四五四二

四五四三

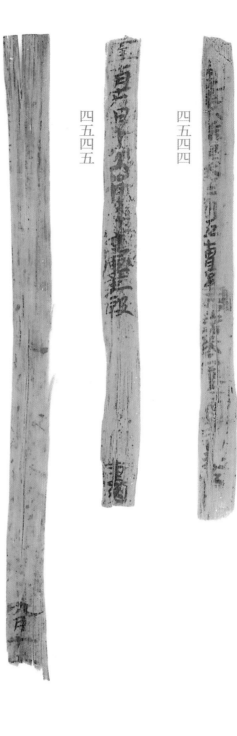

四五四四

四五四五

四五四六

四五四七

四五四八

四五四九

四五五〇

四五五一 四五五二 四五五三

四五五四 四五五五

四五五六 四五五七

四五五八 四五五九

四五六〇 四五六一 四五六二

四五六三 四五六四 四五六五

四五六六 四五六七 四五六八

四五六九　四五七〇

四五七一　四五七二　四五七三

四五七四

四五七五　四五七六　四五八〇

四五七七　四五八一

四五七八　四五八二

四五七九

四五八三

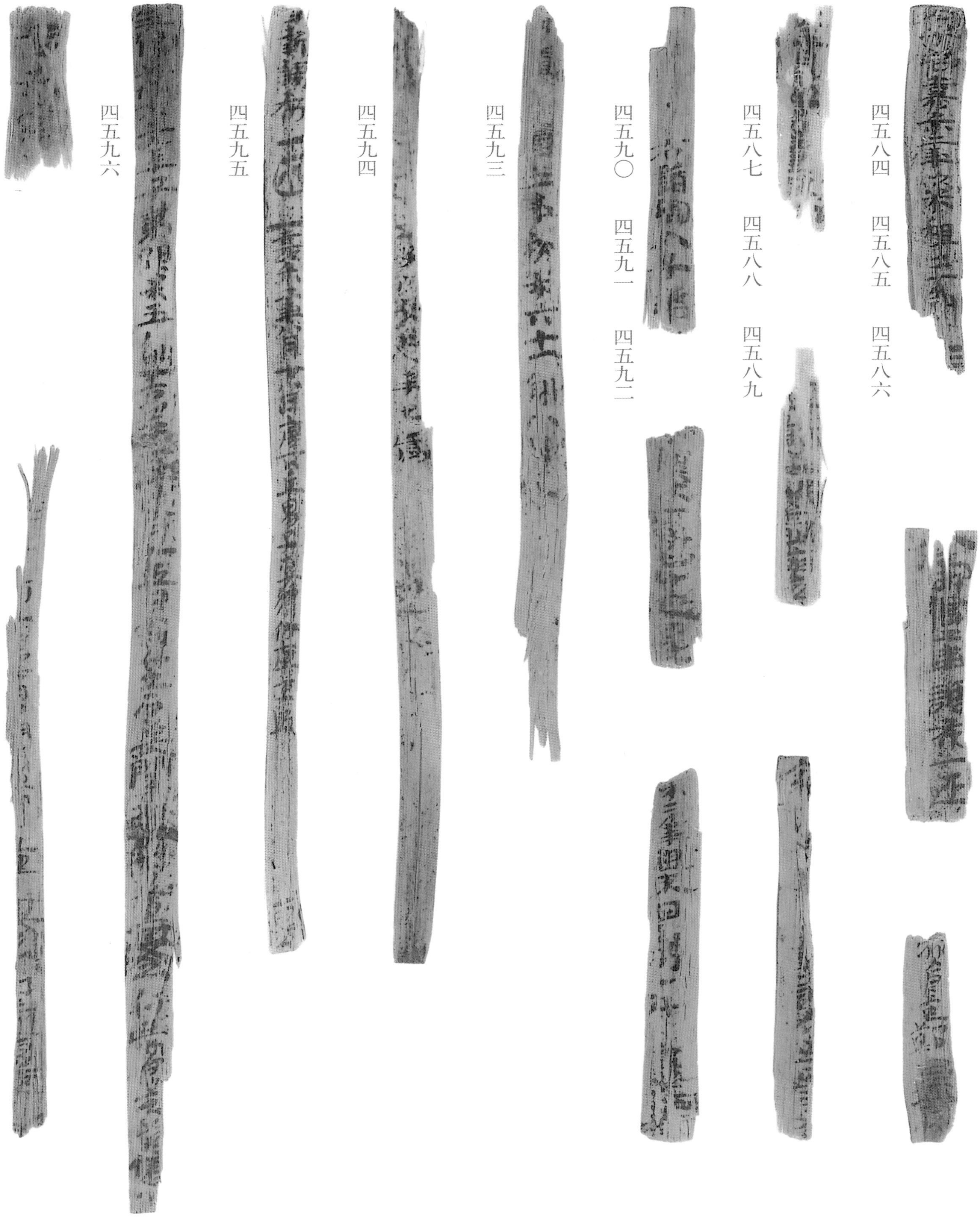

四五八四　四五八五　四五八六

四五八七　四五八八　四五八九

四五九〇　四五九一　四五九二

四五九三

四五九四

四五九五

四五九六

四五九七　四五九八

四五九九　四六〇五
四六〇〇　四六〇六
四六〇一　四六〇七
四六〇二　四六〇八
四六〇三　四六〇九
四六〇四　四六一〇
四六一一　四六一二　四六一三
四六一四　四六一五　四六一六　四六一七

四六一八 四六一九 四六二〇 四六二一

四六二二 四六二三 四六二四 四六二五

四六二六 四六二七 四六二八 四六二九

四六三〇

四六三一

四六三二

四六三三

四六三四

四六三五

四六三六

四六三七

四六三八

四六三九

四六四〇

四六四一

四六四二

四六四三 四六四四 四六四五 四六四六 四六四七 四六四八 四六四九 四六五〇

四六五一

四六五二

四六五三

四六五四

四六五五

四六五六

四六五七

四六五八

四六五九

四六六〇

四六六一

四六六二

四六六三

四六六四

四六六五

四六六六

四六六七

四六六八

四六六九

四六七〇

四六七一

四六七二

四六七三

四六七四

四六七五

四六七六

四六七七

四六七八

四六七九

四六八〇

四六八一

四六八二

四六八三

四六八四

四六八五

四六八六

四六八七

四六八八

四六八九

四六九〇

四六九一

四六九二

四六九三

四六九四　四六九五

四六九六　四六九七　四六九八

四七〇〇　四七〇一

四六九九　四七〇三

四七〇二　四七〇四

四七〇五　四七〇六　四七〇七

四七〇八　四七〇九　四七一〇　四七一一

四七一二　四七一三　四七一五

四七一四　四七一九

四七一六　四七一七

四七一八　四七二〇

四七二三　四七二二

四七二一　四七二四

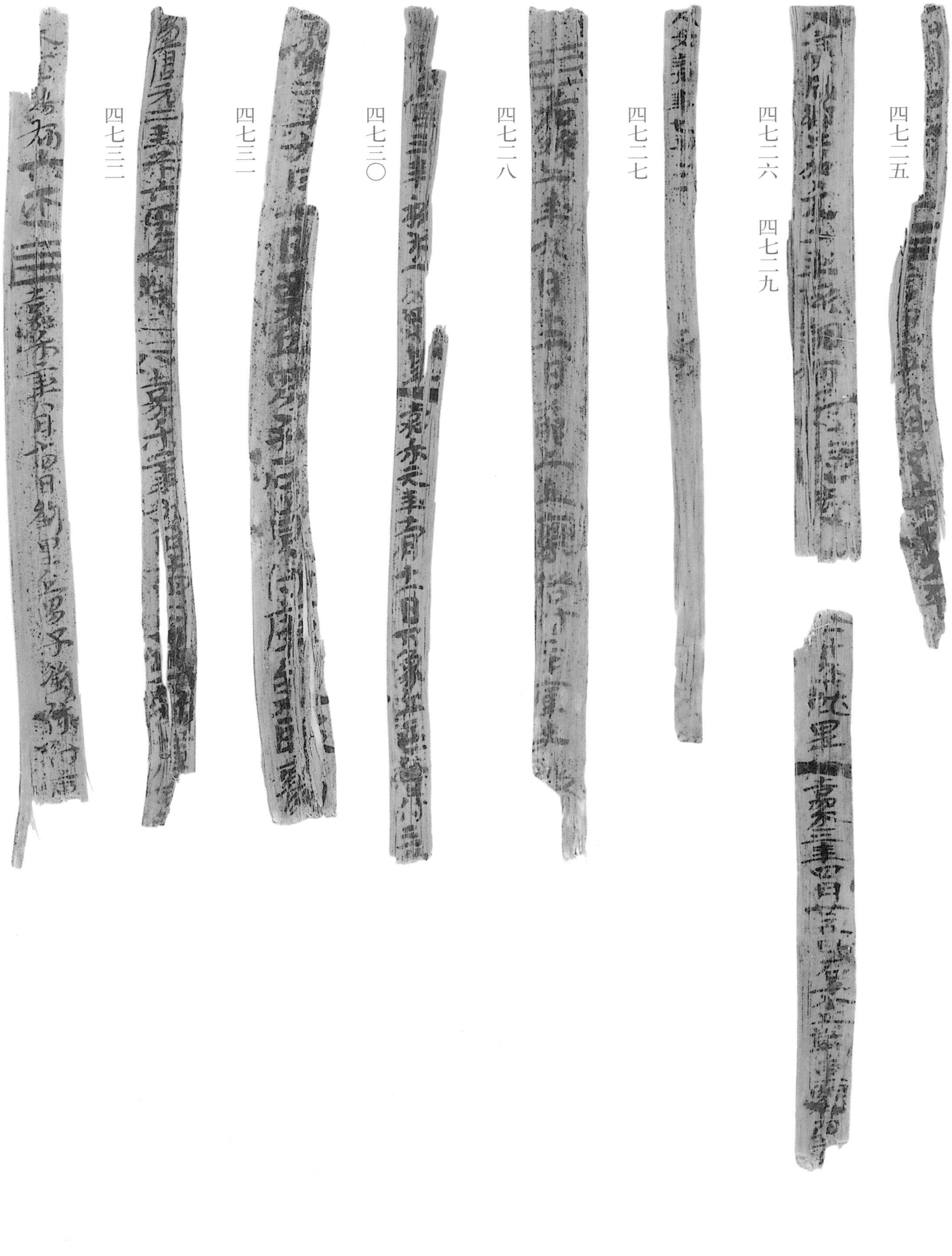

四七二五

四七二六　四七二九

四七二七

四七二八

四七三〇

四七三一

四七三二

四七三三

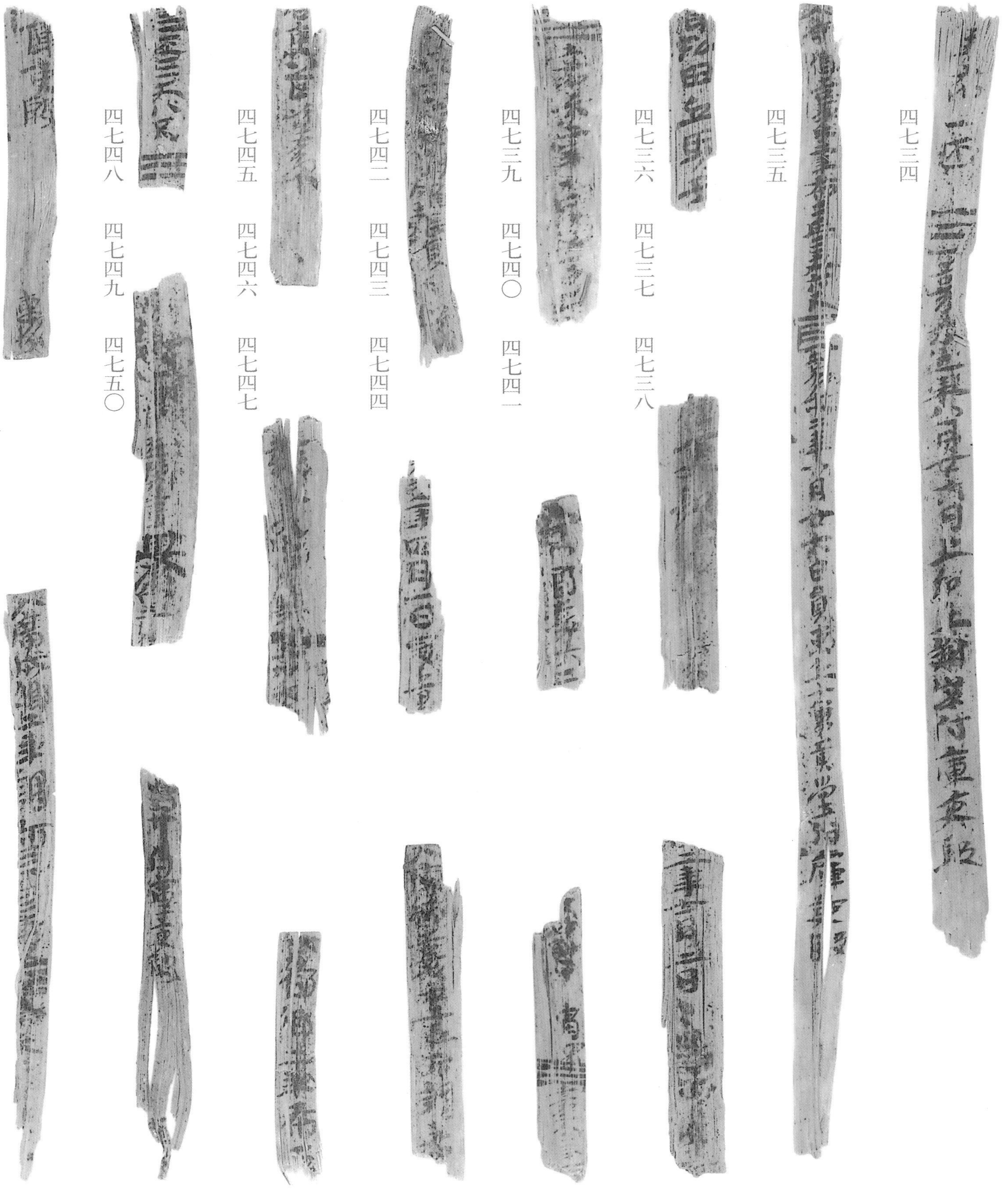

四七三四

四七三五

四七三六　四七三七　四七三八

四七三九　四七四〇　四七四一

四七四二　四七四三　四七四四

四七四五　四七四六　四七四七

四七四八　四七四九　四七五〇

四七五一　四七五二

四七五三　四七五四

四七五五　四七五八

四七五六　四七五七

四七五九　四七六一

四七六〇

四七六二

四七六三

四七六四

四七六五

四七六六　四七六七

四七六八

四七六九

四七七〇

四七七一

四七七二

四七七三

四七七四

四七七五

四七七六

四七七七

四七七八

四七七九

四七八〇

四七八一

四七八二

四七八三

四七八四

四七八五

四七八六

四七八七

四七八八

四七八九

四七九〇

四七九一

四七九二

四七九三

四七九四

四七九五

四七九六

四七九七

四七九八 四七九九 四八〇〇 四八〇一 四八〇二 四八〇三 四八〇四 四八〇五

四八〇六

四八〇七

四八〇八

四八〇九　四八一〇

四八一一　四八一二　四八一三

四八一四　四八一五　四八一六

四八一七　四八一八　四八一九

四八二〇　四八二一

四八二二　四八二三

四八二四　四八二五　四八二六

四八二七　四八二八　四八二九

四八三〇　四八三一　四八三二

四八三三　四八三四　四八三五

四八三六　四八三七　四八三八

四八三九　四八四〇

四八四一　四八四二

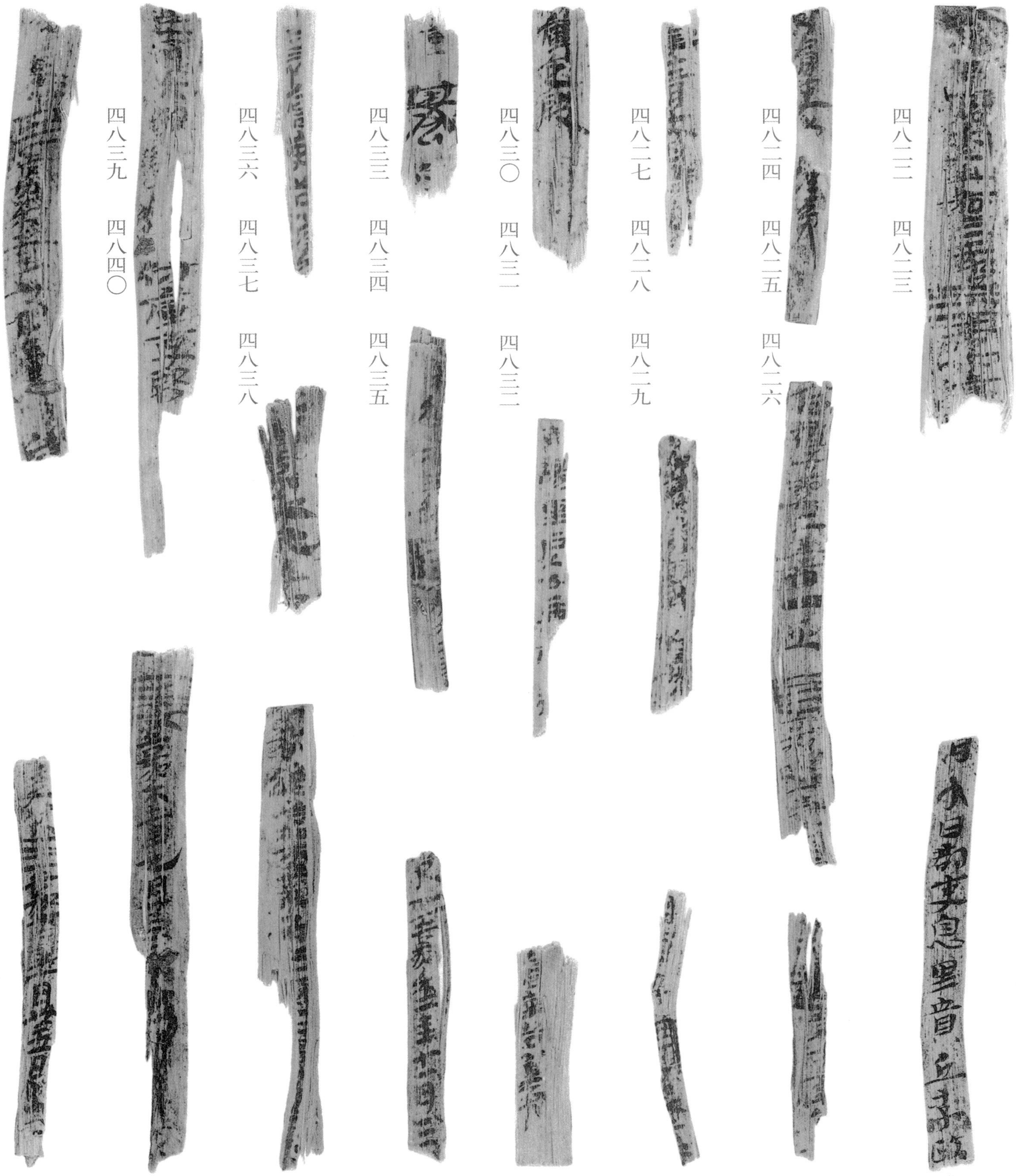

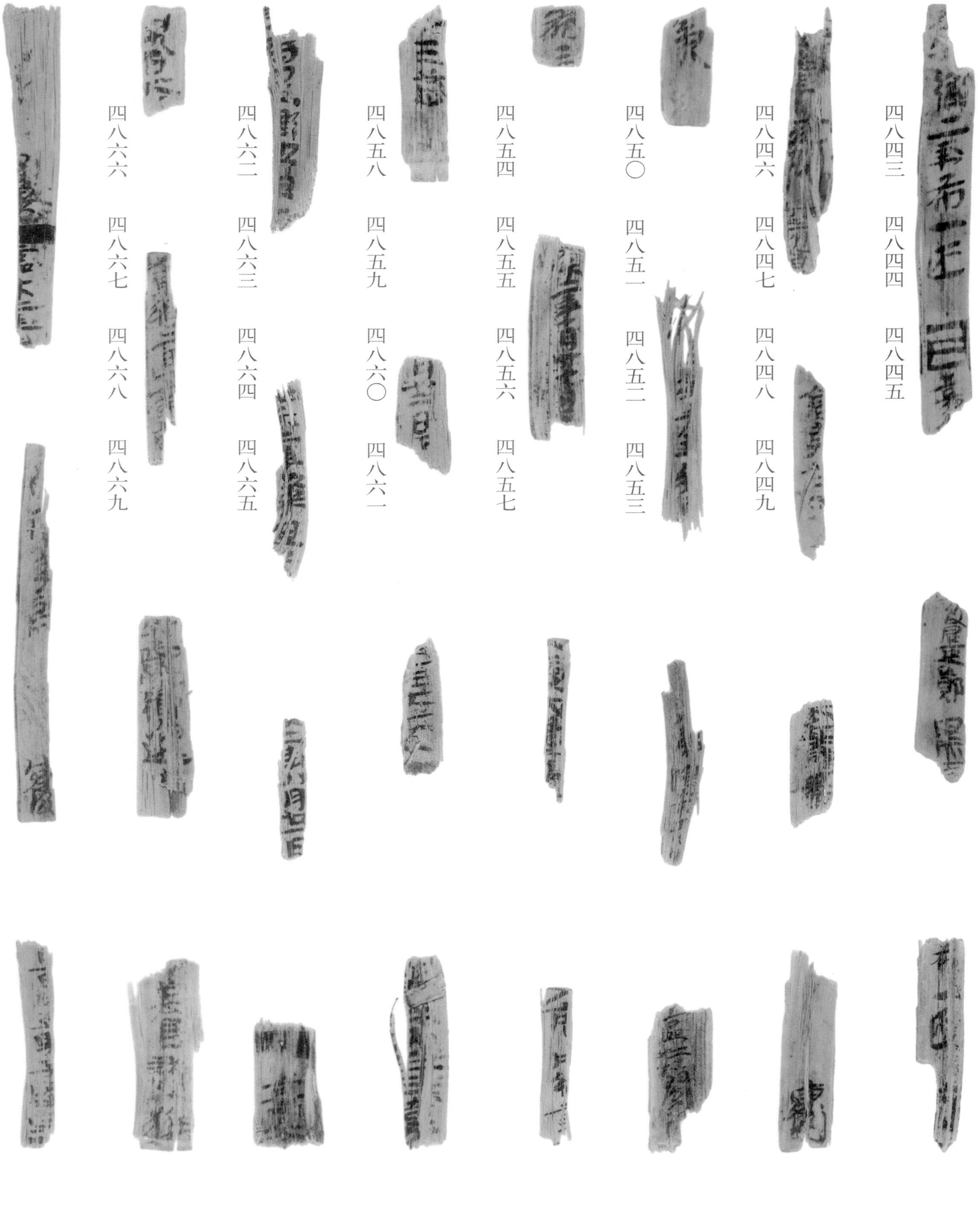

四八四三　四八四四　四八四五

四八四六　四八四七　四八四八　四八四九

四八五〇　四八五一　四八五二　四八五三

四八五四　四八五五　四八五六　四八五七

四八五八　四八五九　四八六〇　四八六一

四八六二　四八六三　四八六四　四八六五

四八六六　四八六七　四八六八　四八六九

四八七〇　四八七一　四八七二

四八七三　四八七四　四八七五　四八七六

四八七七　四八七八　四八七九　四八八〇

四八八一　四八八三

四八八二　四八八四

四八八五　四八八六

四八八七　四八八八

四八八九　四八九〇

四八九一

四八九二　四八九七　四八九八

四八九三　四八九九　四九〇〇

四八九四　四九〇一　四九〇二

四八九五　四九〇三　四九〇四

四八九六　四九〇五　四九〇六

四九〇七　四九〇八　四九〇九　四九一〇

四九一一　四九一二　四九一三　四九一四

四九一五　四九一六　四九一七

四九一八 四九二五

四九一九 四九二六

四九二〇 四九二七

四九二八

四九二一 四九二九

四九二二 四九三〇

四九二三 四九三一

四九二四 四九三二

四九三三

四九三四

四九三五

四九三六

四九三七

四九三八

四九三九

四九四〇

四九四一

四九四二

四九四三　四九四七

四九四四

四九四五

四九四六　四九四八　四九四九

四九五〇　四九五一　四九五二　四九五三

四九五四　四九五五　四九五六

四九五七　四九五八　四九五九

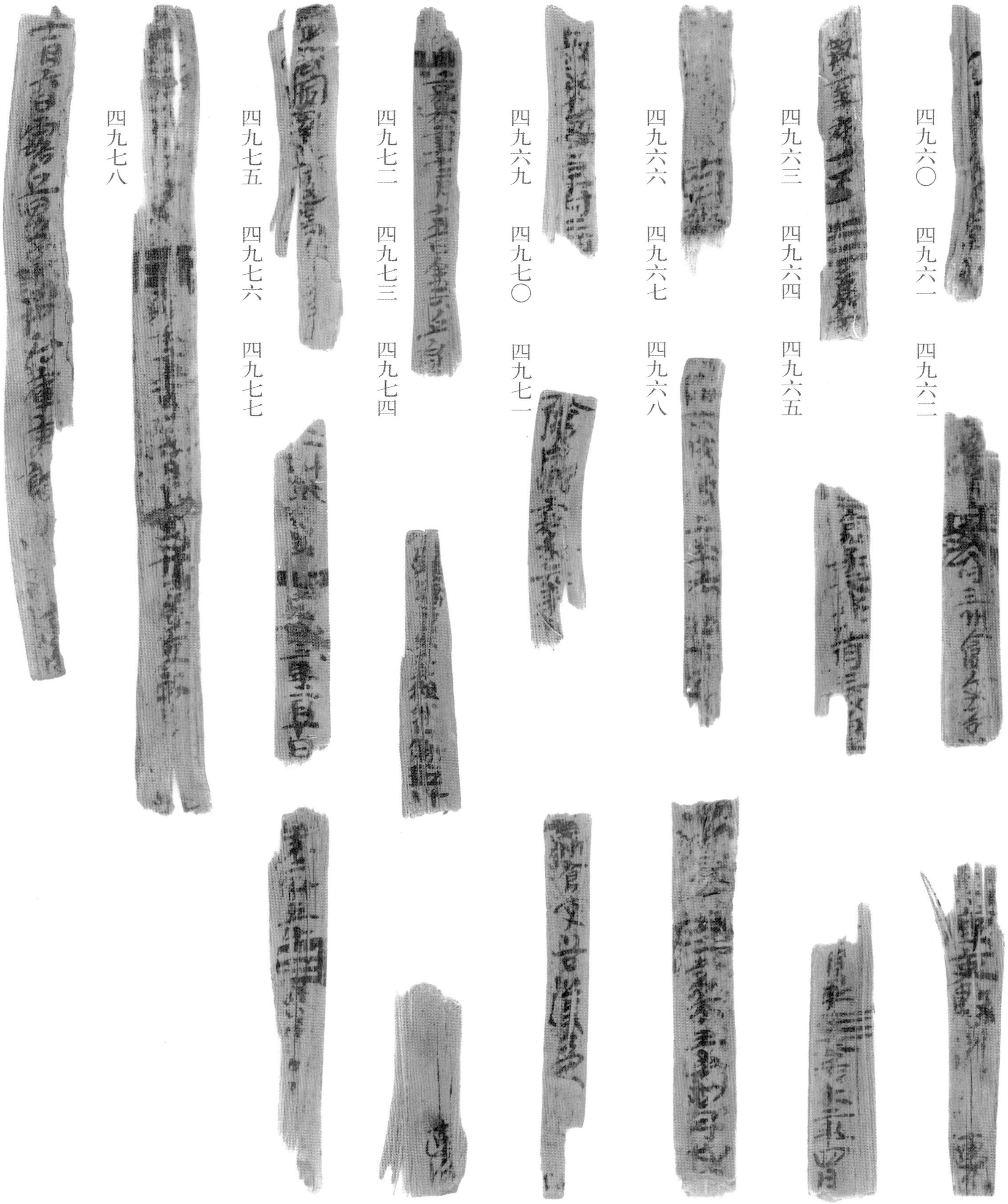

四九六〇　四九六一　四九六二

四九六三　四九六四　四九六五

四九六六　四九六七　四九六八

四九六九　四九七〇　四九七一

四九七二　四九七三　四九七四

四九七五　四九七六　四九七七

四九七八

四九七九

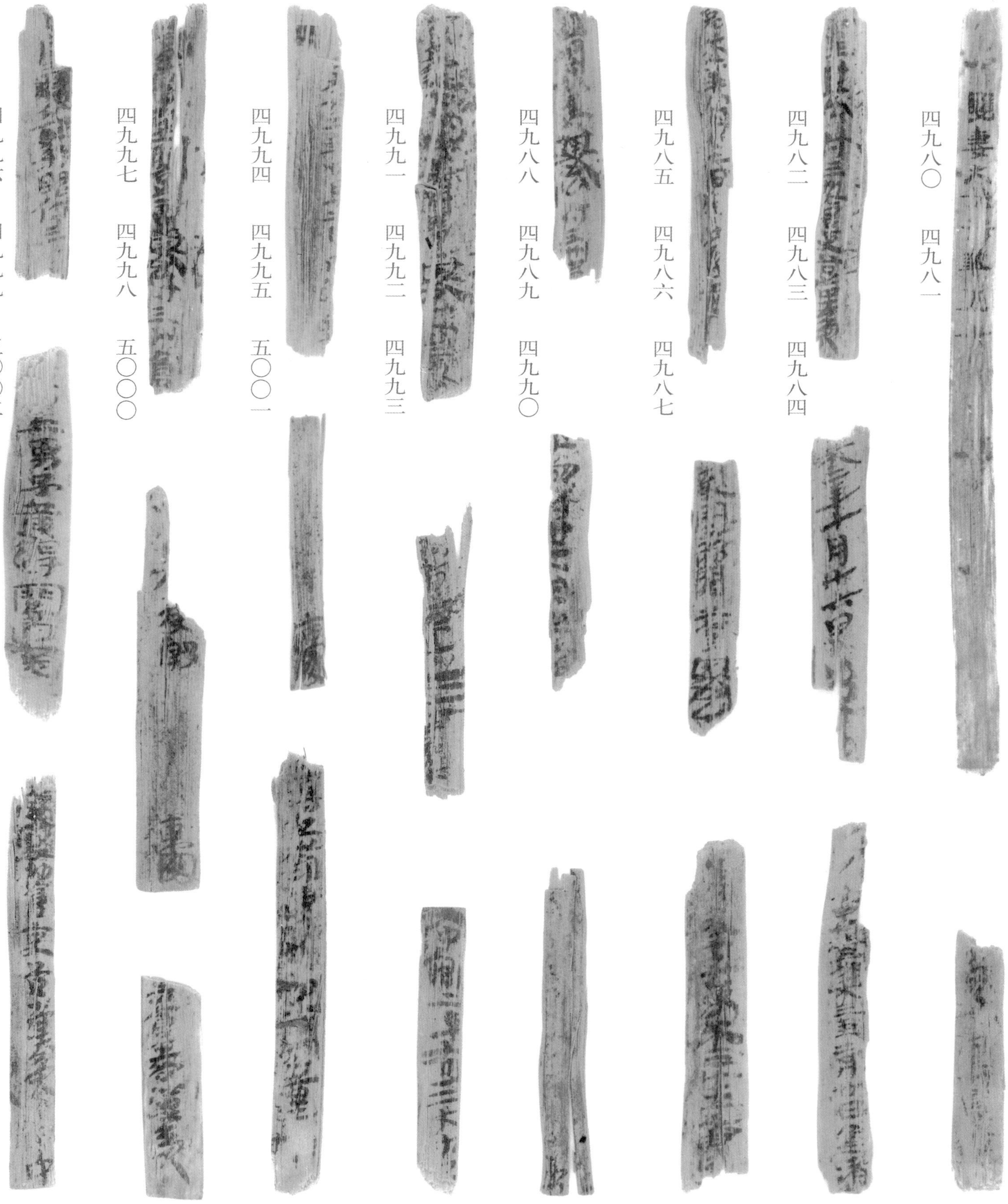

四九八〇　四九八一
四九八二　四九八三　四九八四
四九八五　四九八六　四九八七
四九八八　四九八九　四九九〇
四九九一　四九九二　四九九三
四九九四　四九九五　五〇〇一
四九九七　四九九八　五〇〇〇
四九九六　四九九九　五〇〇二

五〇〇三　五〇〇四　五〇〇五　五〇〇六

五〇〇七　五〇〇八　五〇〇九

五〇一〇　五〇一一　五〇一二

五〇一三　五〇一四

五〇一五　五〇一六　五〇一七

五〇一八　五〇一九　五〇二〇　五〇二一

五〇二二　五〇二三　五〇二四　五〇二五

五〇二六　五〇二七　五〇二八

五〇二九　五〇三〇

五〇三一　五〇三三

五〇三二　五〇三四

五〇三五

五〇三六

五〇三七

五〇三八

五〇三九

五〇四〇　五〇四六　五〇四七

五〇四一

五〇四二

五〇四三

五〇四四

五〇四五

五〇四八　五〇五〇　五〇五一

五〇四九　五〇五二

五〇五三　五〇五四　五〇五五　五〇五六

五〇五七　五〇五八　五〇五九　五〇六〇

五〇六一　五〇六二　五〇六三　五〇六四

五〇六五　五〇六六　五〇六七　五〇六八

五〇六九　五〇七〇　五〇七一　五〇七二

五〇七三　五〇七四　五〇七五　五〇七六

五〇七七　五〇七八　五〇七九　五〇八〇

五〇八一　五〇八二　五〇八三　五〇八四

五〇八五　五〇八六　五〇八七　五〇八八
五〇八九　五〇九〇　五〇九一　五〇九二
五〇九三　五〇九四　五〇九八
五〇九五　五〇九六　五〇九七
五〇九九　五一〇〇　五一〇一
五一〇二　五一〇三　五一〇四
五一〇五　五一〇六　五一〇七　五一〇八
五一〇九　五一一〇　五一一一　五一一二

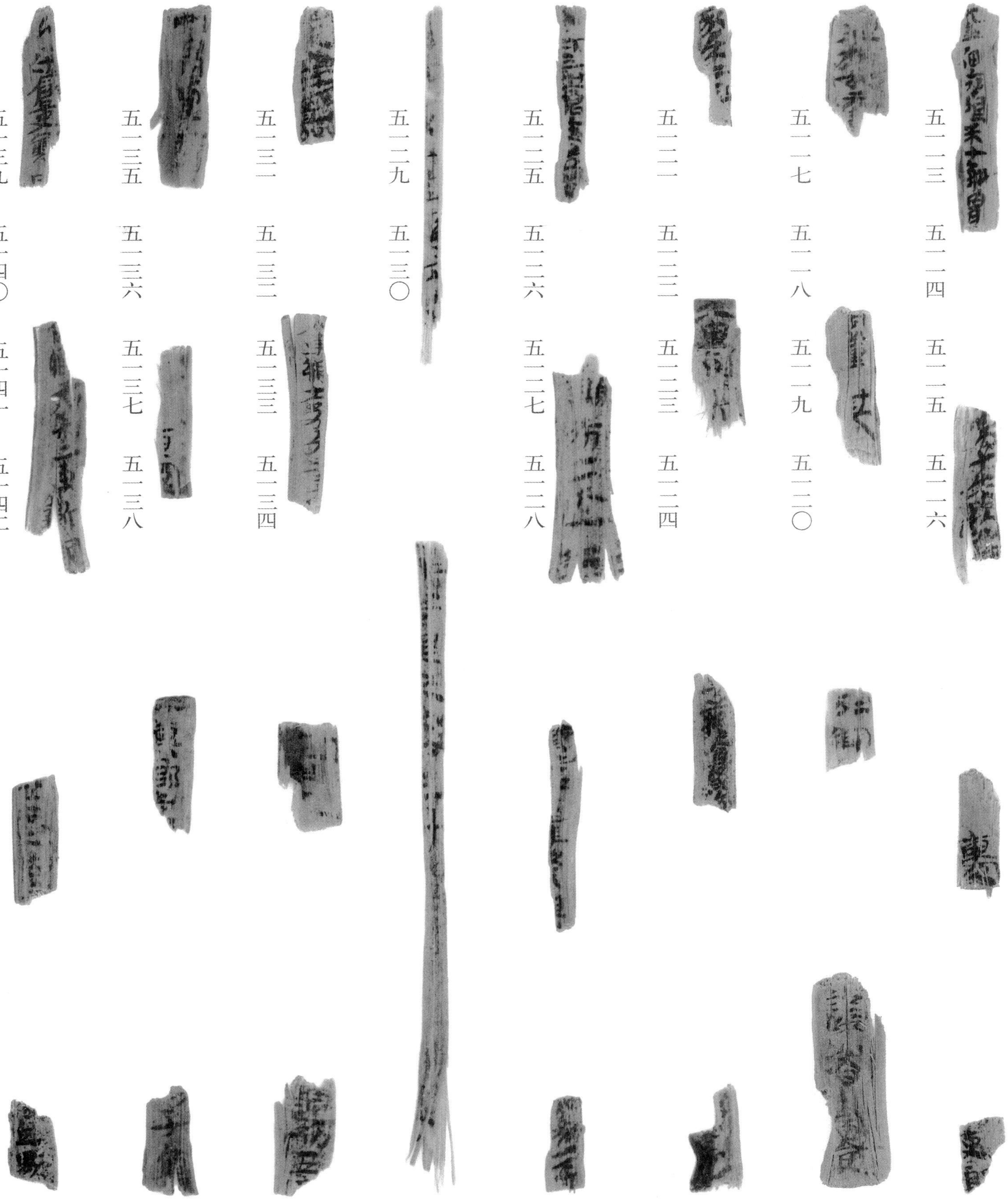

五一一三　五一一四　五一一五　五一一六
五一一七　五一一八　五一一九　五一二〇
五一二一　五一二二　五一二三　五一二四
五一二五　五一二六　五一二七　五一二八
五一二九　五一三〇
五一三一　五一三二　五一三三　五一三四
五一三五　五一三六　五一三七　五一三八
五一三九　五一四〇　五一四一　五一四二

五一四三　五一四四　五一四五　五一四六
五一四七　五一四八　五一四九　五一五〇
五一五一　五一五二　五一五三　五一五四
五一五五　五一五六　五一五七　五一五八
五一五九　五一六〇　五一六一　五一六二
五一六三　五一六四　五一六五　五一六六
五一六七　五一六八　五一六九　五一七〇
五一七一　五一七二　五一七三

五一七四　五一七七　五一七八

五一七五　五一七九

五一七六　五一八〇　五一八一　五一八二

五一八三　五一八四　五一八五

五一八六　五一八七　五一八八　五一八九　五一九〇

五一九一　五一九二　五一九三　五一九四　五一九五

五一九六　五一九七　五一九八　五一九九

五二〇〇　五二〇一　五二〇二

五二〇三 五二〇四 五二〇五 五二〇六

五二〇七 五二〇八 五二〇九 五二一〇

五二一一 五二一二 五二一三 五二一四

五二一五 五二一六 五二一七 五二一八

五二一九 五二二〇 五二二一 五二二二

五二二三 五二二四 五二二五 五二二六

五二二七 五二二八 五二二九 五二三〇

五二三一 五二三二 五二三三 五二三四

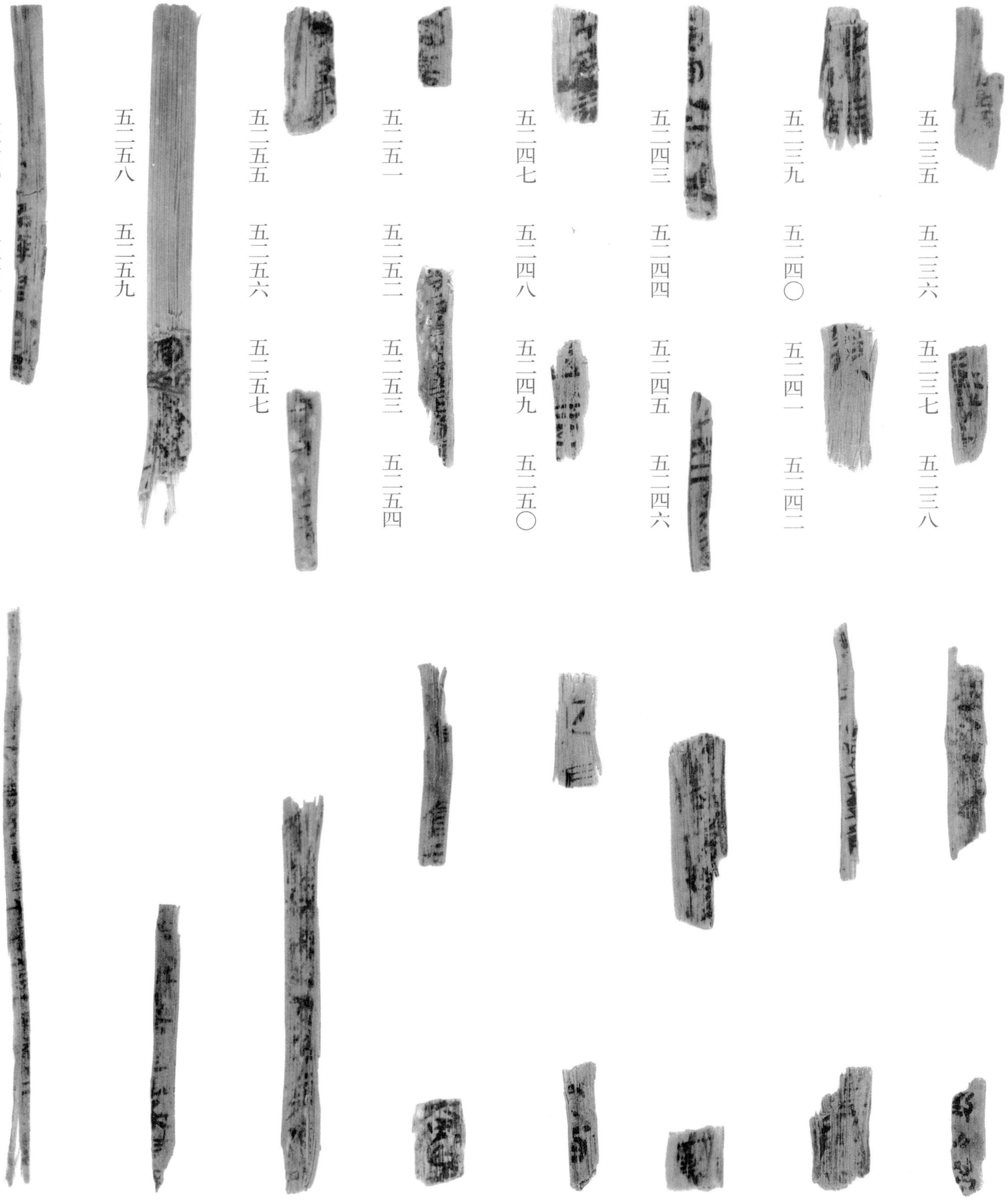

五二三五 五二三六 五二三七 五二三八

五二三九 五二四〇 五二四一 五二四二

五二四三 五二四四 五二四五 五二四六

五二四七 五二四八 五二四九 五二五〇

五二五一 五二五二 五二五三 五二五四

五二五五 五二五六 五二五七

五二五八 五二五九

五二六〇 五二六一

五二六二　五二六三

五二六四　五二一五

五二六六　五二六七　五二六八

五二六九　五二七〇

五二七一　五二七二　五二七五

五二七三　五二七四

五二七六　五二七七　五二七八　五二七九

五二八〇　五二八一

五二八二　五二八三
五二八四　五二八五　五二九八
五二八六　五二八七
五二八八　五二八九　五二九〇
五二九一　五二九二
五二九三　五二九四　五二九五
五二九六　五二九七　五二九九
五三〇〇　五三〇一　五三〇二

五三〇三　五三〇四

五三〇五

五三〇六

五三〇七

五三〇八

五三〇九

五三一〇

五三一一

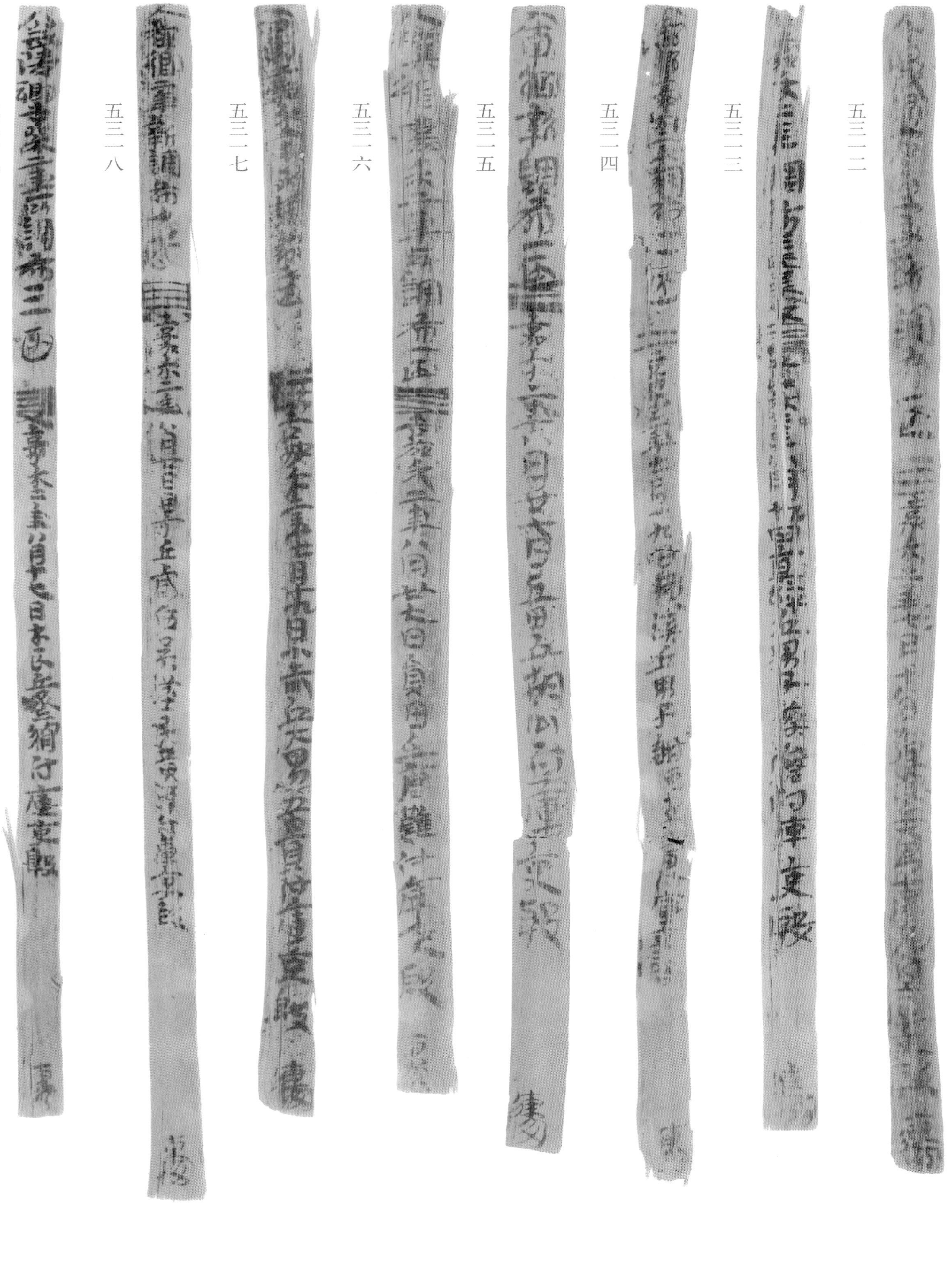

五三一二

五三一三

五三一四

五三一五

五三一六

五三一七

五三一八

五三一九

五三二〇
五三二一
五三二二
五三二三
五三二四
五三二五
五三二六
五三二七

五三二八

五三二九　五三三〇

五三三一

五三三二

五三三三

五三三四

五三三五

五三三六

五三三七　五三三八

五三三九

五三四〇

五三四一

五三四二

五三四三

五三四四

五三四五

五三四六

五三四七

五三四八

五三四九

五三五〇

五三五一

五三五二

五三五三

五三五四　五三五九

五三五五　五三五六

五三五七　五三六二

五三五八　五三六四

五三六〇

五三六一　五三六五

五三六三　五三六六

五三六七

五三六八

五三六九

五三七〇

五三七一

五三七二

五三七三

五三七四

五三七五

五三七六

五三七七

五三七八

五三七九　五三八〇

五三八一　五三八二

五三八三　五三八四　五三八五

五三八六　五三八七　五三八八

五三八九　五三九〇　五三九一

五三九二　五三九三

五三九四　五三九五　五三九六

五三九七　五三九八　五三九九　五四〇〇

五四〇一　五四〇三

五四〇二　五四〇四

五四〇五　五四〇六　五四〇七

五四〇八　五四〇九　五四一〇

五四一一　五四一二

五四一三　五四一六　五四一七

五四一四　五四二二

五四一五　五四二三

五四一八　五四二四　五四二五

五四一九　五四二六

五四二〇

五四二一

五四二七　五四二八

五四二九　五四三〇

五四三一　五四三三

五四三二　五四三九

五四三四　五四三五　五四三六

五四三七　五四三八　五四四〇　五四四一

五四四二　五四四三　五四四四

五四四五　五四四六　五四四七　五四四八

五四四九　五四五〇　五四五一

五四五二 五四五三

五四五四 五四五五

五四五六

五四五七

五四五八

五四五九

五四六〇

五四六一

五四六九　五四六八　五四六七　五四六六　五四六五　五四六四　五四六三　五四六二

五四七〇

五四七一

五四七二

五四七三

五四七四

五四七五

五四七六

五四七七

五四七八
五四七九
五四八〇
五四八一
五四八二
五四八三
五四八四
五四八五
五四八六

五四八七

五四八八　五四九二

五四八九

五四九〇

五四九一

五四九三

五四九四

五四九五

五四九六 五四九七 五四九八 五四九九 五五〇〇 五五〇一 五五〇二 五五〇三

五五〇四

五五〇五

五五〇六

五五〇七

五五〇八

五五〇九

五五一〇

五五一一　五五一二

五五一三　五五一四　五五一五　五五一六

五五一七　五五一八　五五一九　五五二〇

五五二一　五五二二　五五二六

五五二三

五五二四　五五二五

五五二七

五五二八

五五二九

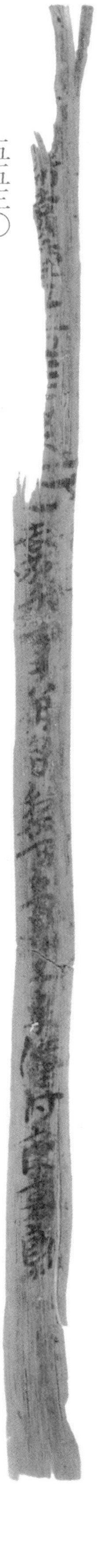
五五三〇

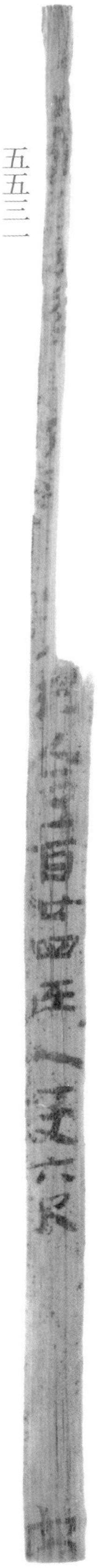
五五三一

五五三二

五五三三

五五三四

五五三五

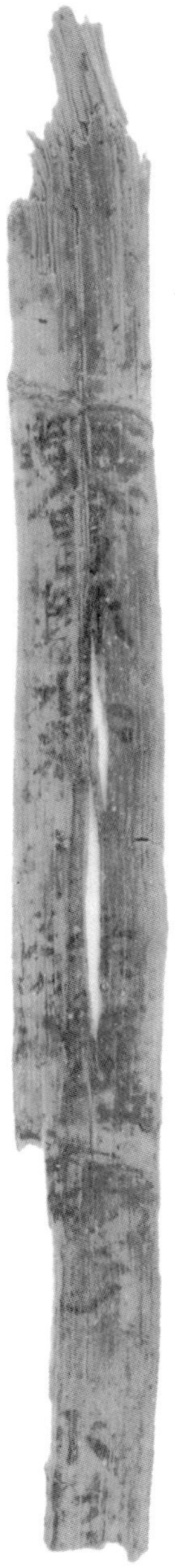
五五三六

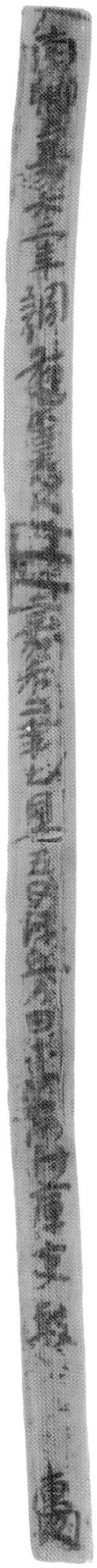
五五三七

五五三八

五五三九

五五四〇

五五四一

五五四二

五五四三

五五四四

五五四五

五五四六

五五四七

五五四八

五五四九

五五五〇

五五五一

五五五二

五五五三

五五五四

五五五五

五五五六

五五五七

五五五八

五五五九　五五六二

五五六〇　五五六一

五五六三

五五六四 五五六五 五五六六 五五六七 五五六八 五五六九 五五七〇 五五七一

五五七二　五五七九

五五七三　五五八〇

五五七四　五五八四

五五七五　五五七六　五五七七　五五七八

五五八一　五五八二　五五八三

五五八五　五五八六

五五八七　五五八八

五五八九　五五九〇　五五九一

五五九二　五五九三　五六〇〇

五五九四　五五九五

五五九六　五六〇一

五五九七

五五九八

五五九九　五六〇三

五六〇二　五六〇四

五六〇五　五六〇六

五六〇七　五六〇九

五六〇八　五六一〇

五六一一

五六一二

五六一三

五六一四

五六一五

五六一六

五六一七

五六一八

五六一九

五六二〇

五六二一

五六二二

五六二三

五六二四

五六二五

五六二六

五六二七

五六二八

五六二九

五六三〇

五六三一

五六三二

五六三三　五六三九

五六三四　五六四一

五六三五　五六四二

五六三六　五六三七

五六三八　五六四〇

五六四三　五六四四

五六四五　五六四六　五六四七　五六四八

五六四九　五六五〇　五六五一　五六五二

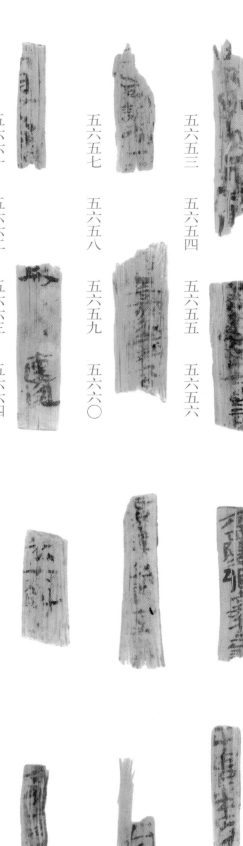

五六五三　五六五四　五六五五　五六五六

五六五七　五六五八　五六五九　五六六〇

五六六一　五六六二　五六六三　五六六四

五六六五　五六六六　五六六七

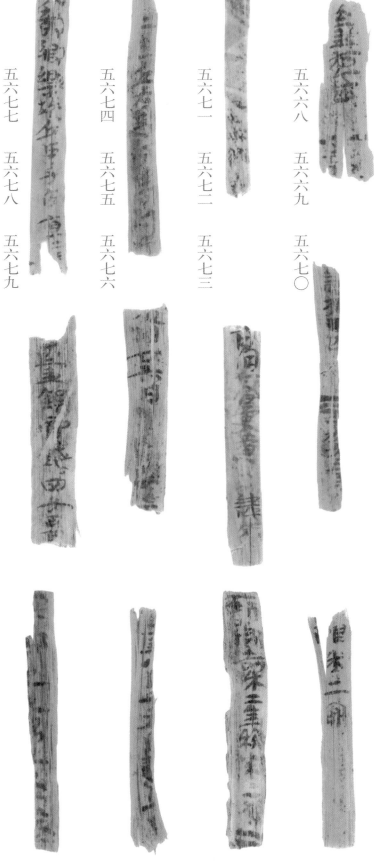

五六六八　五六六九　五六七〇

五六七一　五六七二　五六七三

五六七四　五六七五　五六七六

五六七七　五六七八　五六七九

五六八〇　五六八一　五六八五

五六八二　五六八三　五六八四

五六八六　五六八七

五六八八　五六九一

五六八九　五六九二

五六九三

五六九四　五六九〇

五六九五

五六九六

五六九七

五六九八

五六九九

五七〇〇

五七〇一

五七〇二

五七〇三

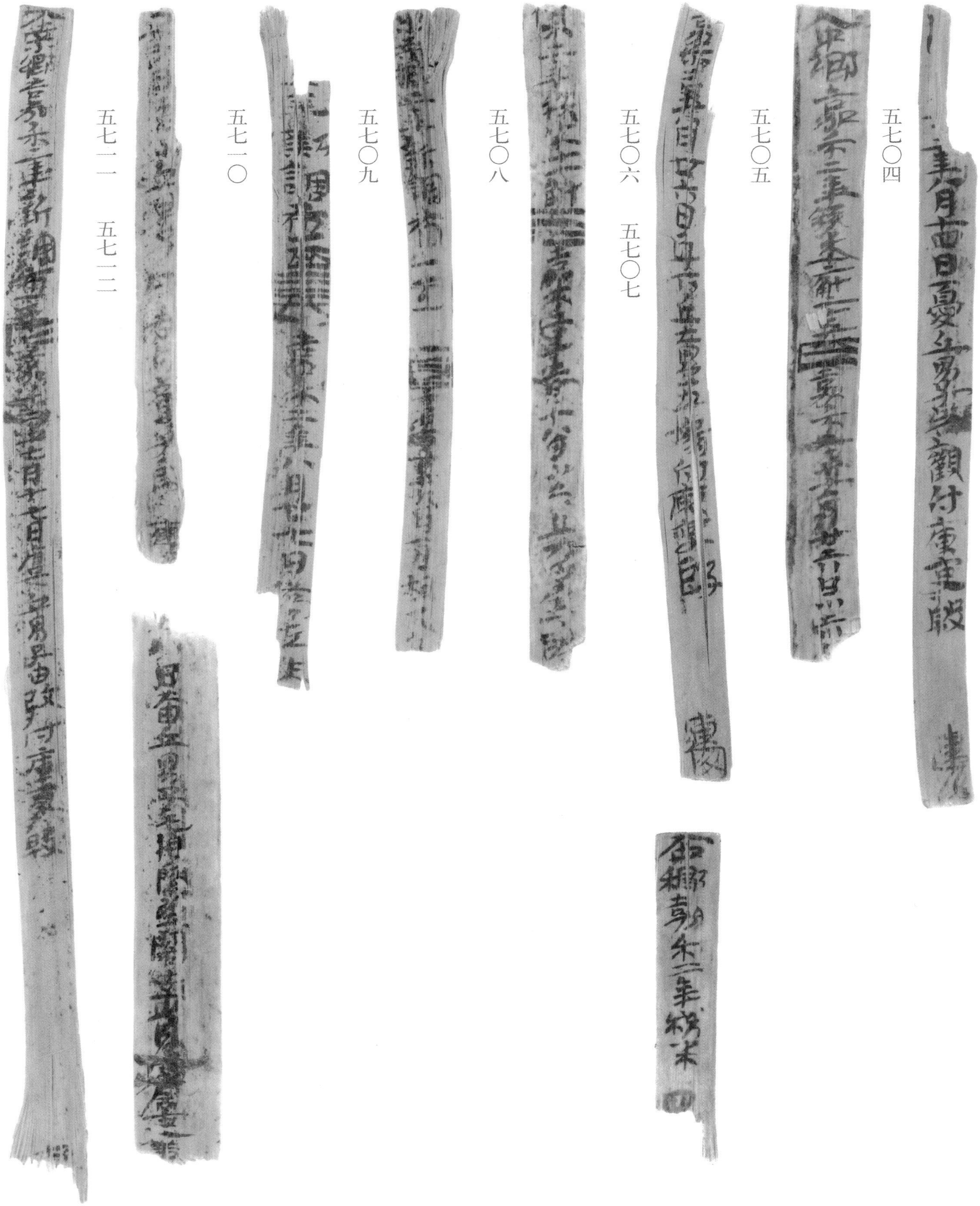

五七〇四

五七〇五

五七〇六　五七〇七

五七〇八

五七〇九

五七一〇

五七一一　五七一二

五七一三

五七一四
五七一五　五七二〇
五七一六　五七一九
五七一七　五七一八
五七二一　五七二二
五七二三　五七二四
五七二五　五七二七
五七二六　五七二八

五七二九　五七三〇　五七三一　五七三三

五七三二　五七三四

五七三五　五七四四

五七三六　五七四五

五七三七　五七三八

五七三九　五七四〇

五七四一　五七四二

五七四三　五七四六　五七四七

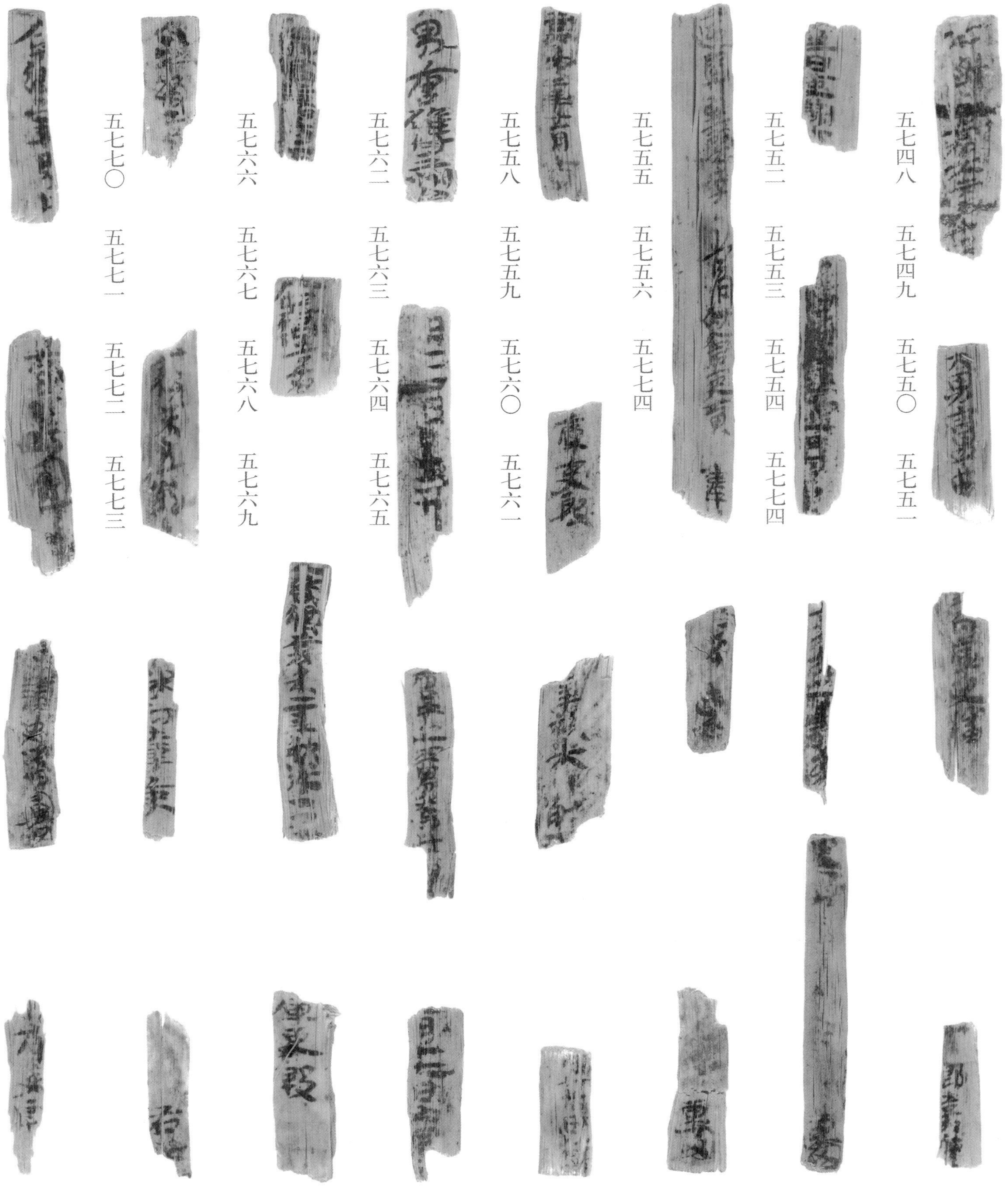

五七四八 五七四九 五七五〇 五七五一

五七五二 五七五三 五七五四 五七七四

五七五五 五七五六 五七七四

五七五八 五七五九 五七六〇 五七六一

五七六二 五七六三 五七六四 五七六五

五七六六 五七六七 五七六八 五七六九

五七七〇 五七七一 五七七二 五七七三

五七七五 五七七六 五七七七 五七七八

五七七九　五七八〇　五七九七　五八〇〇

五七八二　五七八三　五七八四

五七八五　五七八六

五七八一　五七八七　五七八八

五七八九　五七九〇　五七九六

五七九一　五七九二　五七九三

五七九四　五七九八　五七九九

五七九五　五八〇一　五八〇二

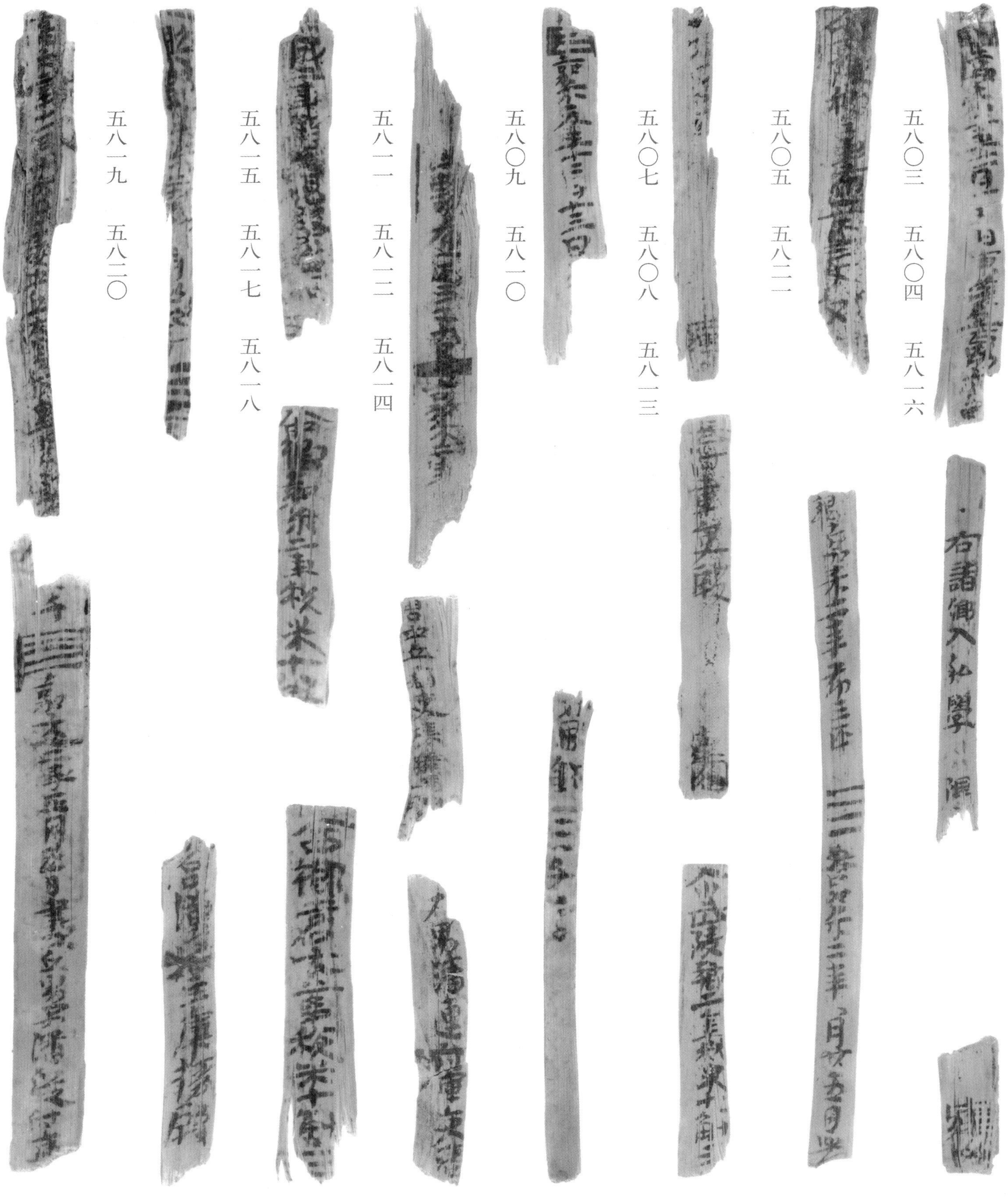

五八〇三　五八〇四　五八一六

五八〇五　五八二一

五八〇七　五八〇八　五八一三

五八〇九　五八一〇

五八一一　五八一二　五八一四

五八一五　五八一七　五八一八

五八一九　五八二〇

五八〇六　五八二二

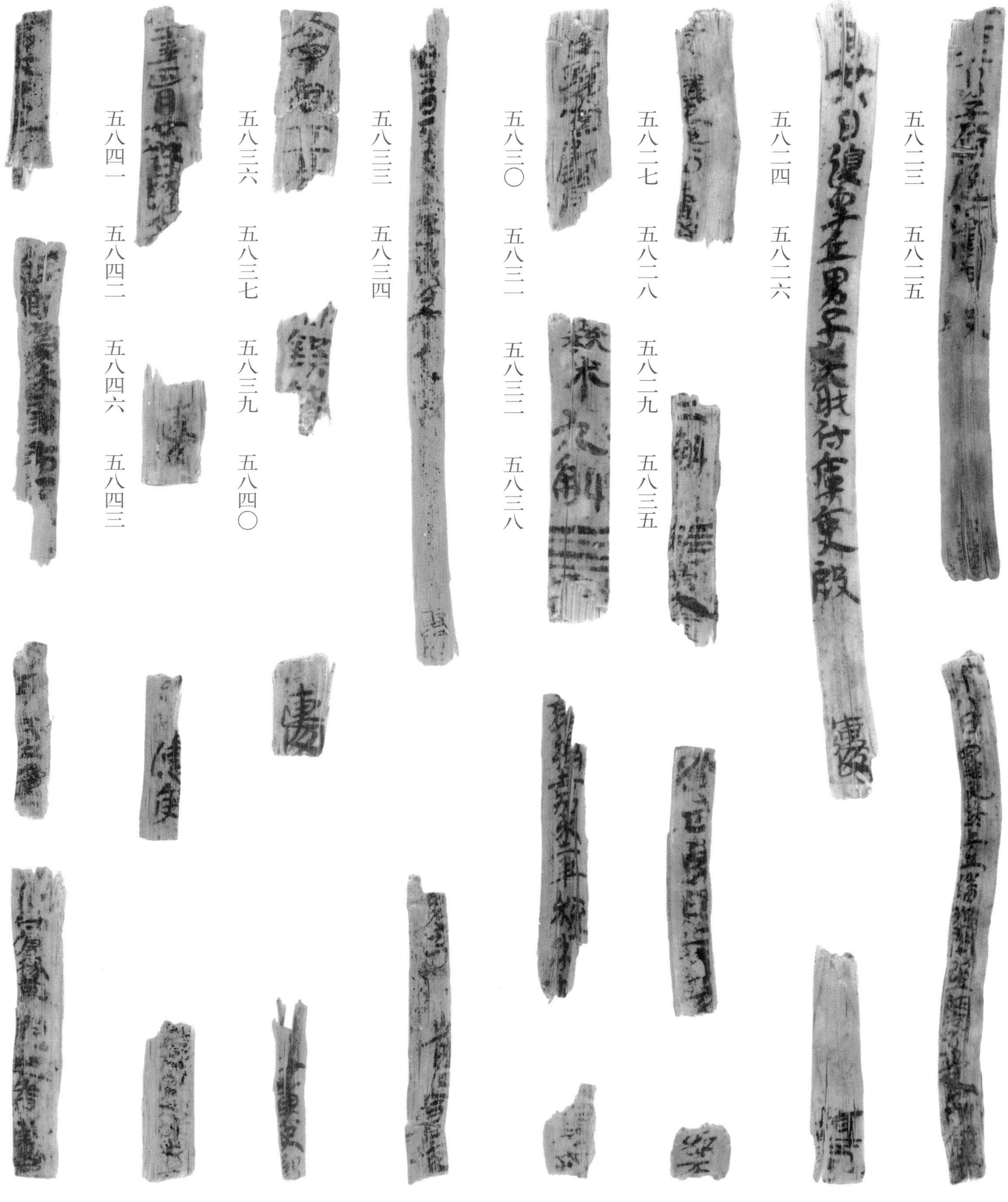

五八二三　五八二五

五八二四　五八二六

五八二七　五八二八　五八二九　五八三五

五八三〇　五八三一　五八三二　五八三八

五八三三　五八三四

五八三六　五八三七　五八三九　五八四〇

五八四一　五八四二　五八四六　五八四三

五八四四　五八四五　五八四七　五八四八

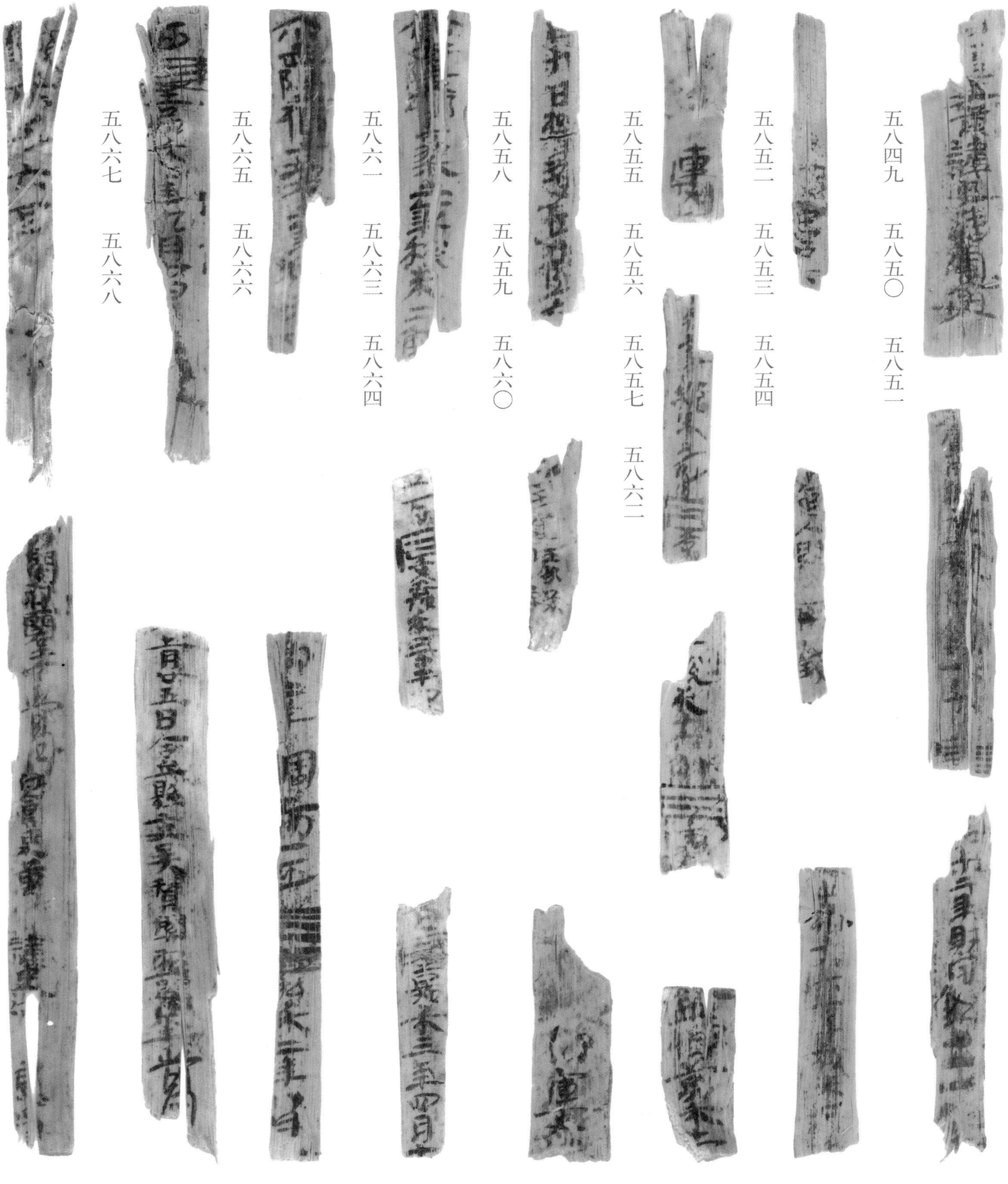

五八四九　五八五〇　五八五一

五八五二　五八五三　五八五四

五八五五　五八五六　五八五七　五八六二

五八五八　五八五九　五八六〇

五八六一　五八六三　五八六四

五八六五　五八六六

五八六七　五八六八

五八六九　五八七〇

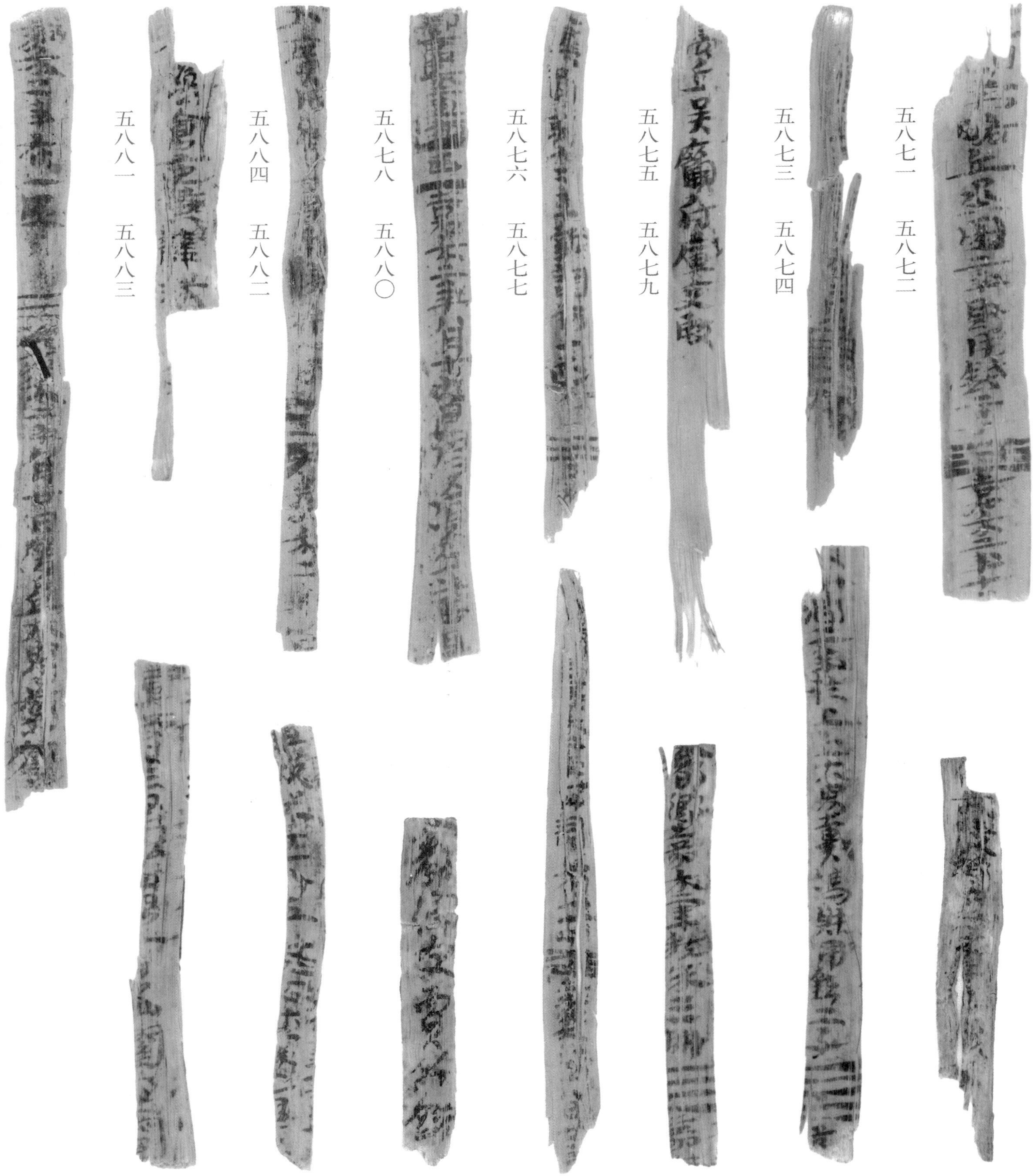

五八七一　五八七二
五八七三　五八七四
五八七五　五八七九
五八七六　五八七七
五八七八　五八八〇
五八八四　五八八二
五八八一　五八八三
五八八五

五八八六

五八八七　五八八八

五八八九

五八九〇

五八九一

五八九二

五八九三

五八九四

五八九五　五八九九
五八九六　五八九七　五八九八
五九〇〇　五九〇一　五九一五
五九〇三　五九〇四　五九〇五
五九〇六　五九〇七　五九〇八
五九〇九　五九一四
五九一〇　五九一一　五九一二
五九一三　五九〇二　五九一六

五九一七　五九一八
五九一九　五九二〇
五九二一　五九二二
五九二三　五九二五
五九二四
五九二六　五九二七
五九二八
五九二九

五九三〇 五九三六

五九三一

五九三二

五九三三

五九三四

五九三五

五九三七

五九三八

五九三九　五九四六

五九四〇　五九四七

五九四一　五九四八

五九四二

五九四三

五九四四　五九四五

五九四九

五九五〇

五九五一　五九六〇

五九五二　五九六一

五九五三

五九五四　五九六二　五九六五

五九五五　五九六三

五九五六　五九五九

五九五七　五九六四

五九五八　五九六六

五九六七　五九六八　五九七二

五九六九　五九七〇

五九七一　五九七三

五九七四　五九七五　五九八〇

五九七六　五九七七　五九八六

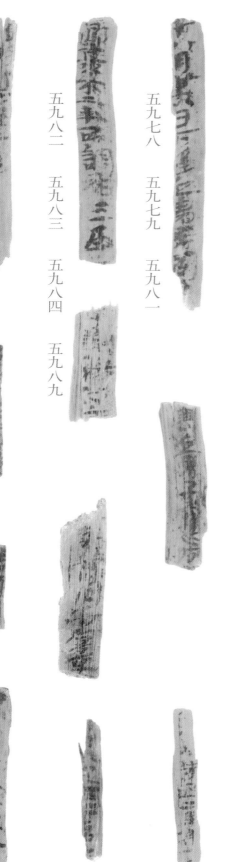

五九七八　五九七九　五九八一

五九八二　五九八三　五九八四　五九八九

五九八五　五九八七　五九八八　五九九〇

五九九一　五九九二　五九九三　五九九七
五九九四　五九九五　五九九六
五九九八　六〇〇二　五九九九
六〇〇〇　六〇〇一
六〇〇三　六〇〇四
六〇〇七　六〇〇八
六〇〇九　六〇〇五
六〇〇六　六〇一〇

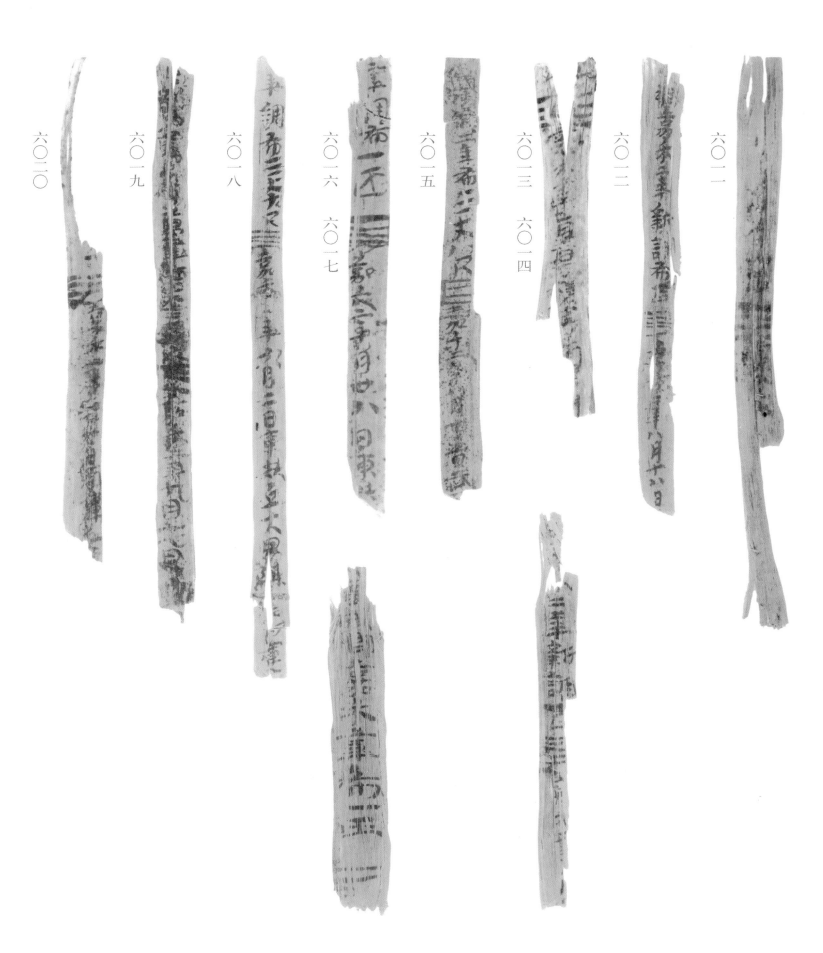

六〇一一

六〇一二

六〇一三　六〇一四

六〇一五

六〇一六　六〇一七

六〇一八

六〇一九

六〇二〇

六〇二一　六〇二二

六〇二三　六〇二四　六〇二五

六〇二六　六〇二七　六〇二八　六〇二九　六〇三〇

六〇三一　六〇三二　六〇三三

六〇三四　六〇三五　六〇三六　六〇三七

六〇三八　六〇三九　六〇四三

六〇四〇　六〇四一　六〇四二

六〇四四　六〇四五

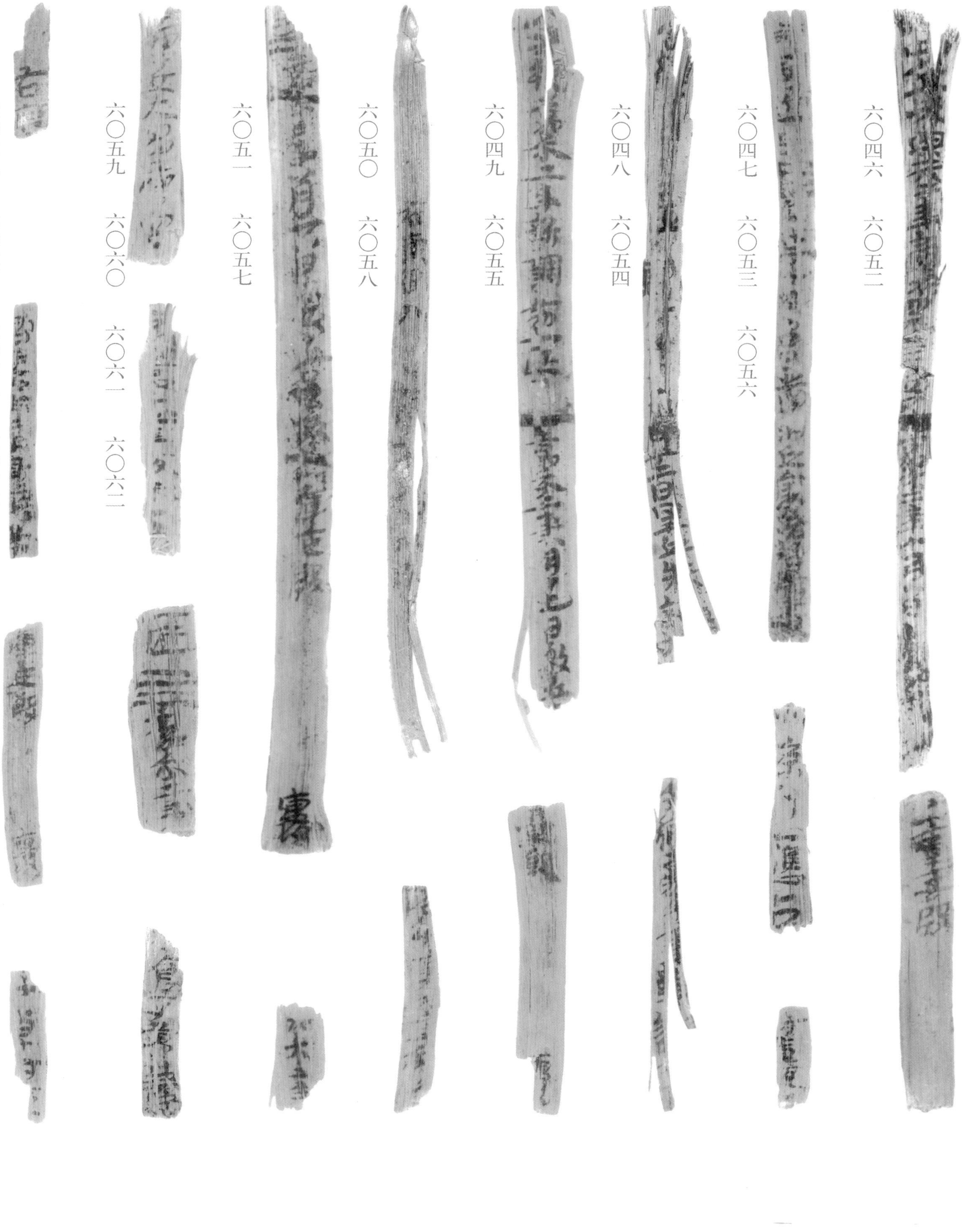

六〇四六　六〇五二

六〇四七　六〇五三　六〇五六

六〇四八　六〇五四

六〇四九　六〇五五

六〇五〇　六〇五八

六〇五一　六〇五七

六〇五九　六〇六〇　六〇六一　六〇六二

六〇六三　六〇六四　六〇六五　六〇六六

六〇六七　六〇六八　六〇六九　六〇七〇

六〇七一　六〇七二　六〇七三　六〇七四　六〇八三

六〇七五　六〇七六　六〇七七　六〇七八　六〇八六

六〇七九　六〇八〇　六〇八一　六〇八二

六〇八四　六〇八五　六〇八九　六〇九〇

六〇八七

六〇八八　六〇九二

六〇九一　六〇九三

六〇九四

六〇九五

六〇九六

六〇九七

六〇九八

六〇九九

六一〇〇

六一〇一

六一〇二

六一〇三

六一〇四

六一〇五

六一〇六

六一〇七　六一〇九

六一〇八

六一一〇　六一一一　六一一二

六一一三　六一一四　六一一五　六一一八

六一一六　六一一七　六一一九　六一二〇

六一二一　六一二二　六一二三　六一二四　六一二五

六一二六　六一二七　六一二八　六一二九　六一三〇

六一三一　六一三二　六一三三　六一三四　六一三五

六一三六　六一三七　六一三八　六一三九　六一四〇

六一四一　六一四二　六一四三　六一四四　六一四五

六一四六　六一四七　六一四八　六一四九

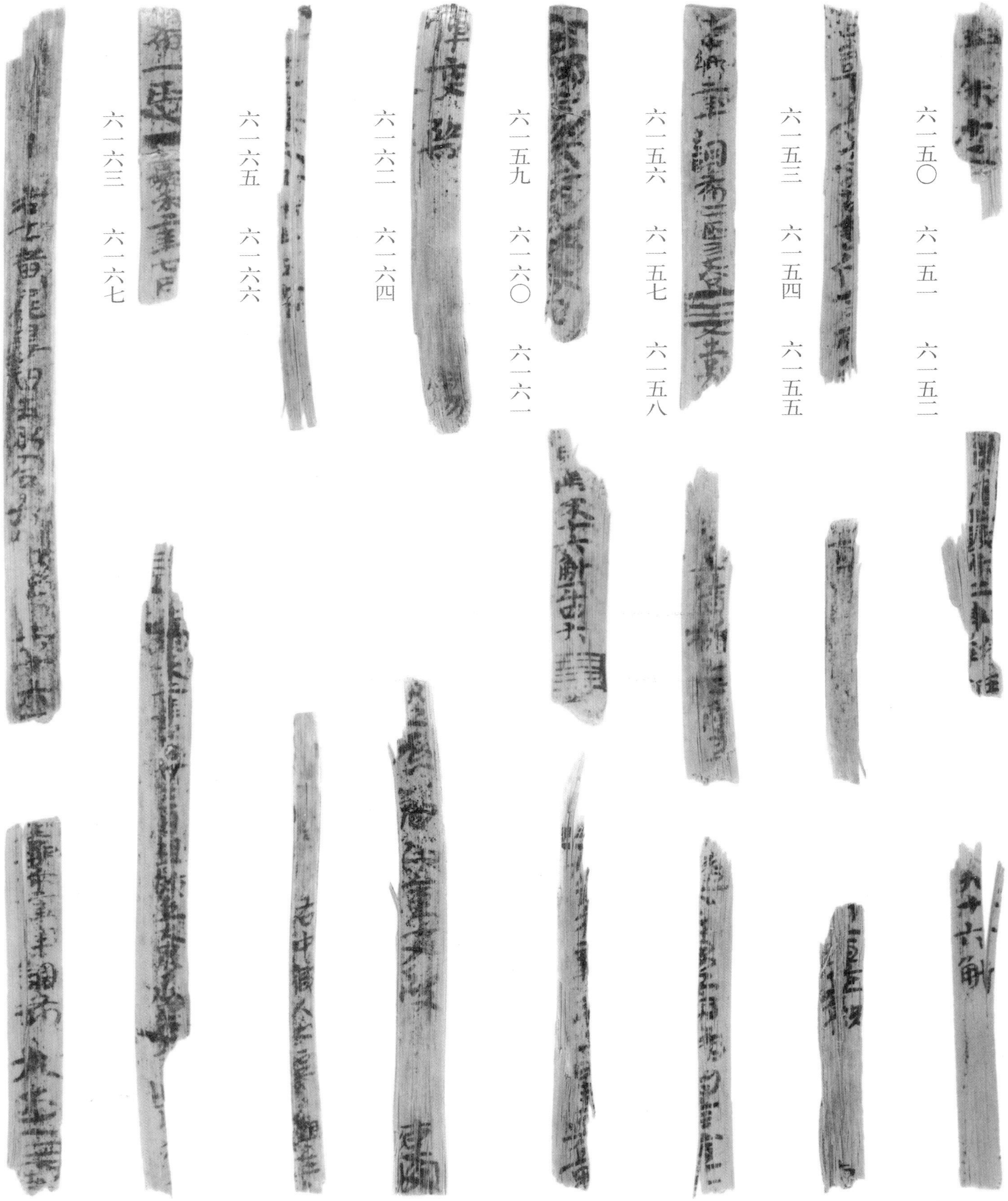

六一五〇　六一五一　六一五二

六一五三　六一五四　六一五五

六一五六　六一五七　六一五八

六一五九　六一六〇　六一六一

六一六二　六一六四

六一六五　六一六六

六一六三　六一六七

六一六八　六一六九

六一七〇　六一七一　六一八一

六一七二　六一七三　六一七四

六一七五　六一七六　六一八〇

六一七七　六一七八　六一八五

六一七九　六一八二　六一八九

六一八三　六一八四　六一八八

六一八六　六一八七　六一九二

六一九〇　六一九一　六一九三

六一九四　六一九五　六一九六　六一九七

六一九八　六一九九　六二〇〇

六二〇一　六二〇二　六二〇三

六二〇四　六二〇五　六二〇六　六二〇七

六二〇八　六二〇九　六二一〇　六二一一　六二一二

六二一三　六二一四　六二一五　六二一六　六二一七

六二一八　六二一九　六二二〇　六二二一　六二二二

六二二三　六二二四

六二二五 六二二六 六二二七 六二二八 六二二九 六二三〇 六二三一 六二三二

六二三三

六二三四

六二三五

六二三六

六二三七

六二三八

六二三九

六二四〇

六二四一　六二五一
六二四二　六二五二
六二四三　六二五三
六二四四　六二四五
六二四六　六二四七
六二四八　六二五〇
六二四九　六二五四
六二五五　六二五六　六二五七

六二五八　六二六〇

六二五九　六二六一

六二六二　六二六三　六二六四　六二六五

六二六六　六二六七　六二六八　六二七三

六二六九　六二七〇

六二七一　六二七四　六二七五

六二七二　六二七六　六二七七

六二七八　六二七九　六二八〇　六二八一　六二八二

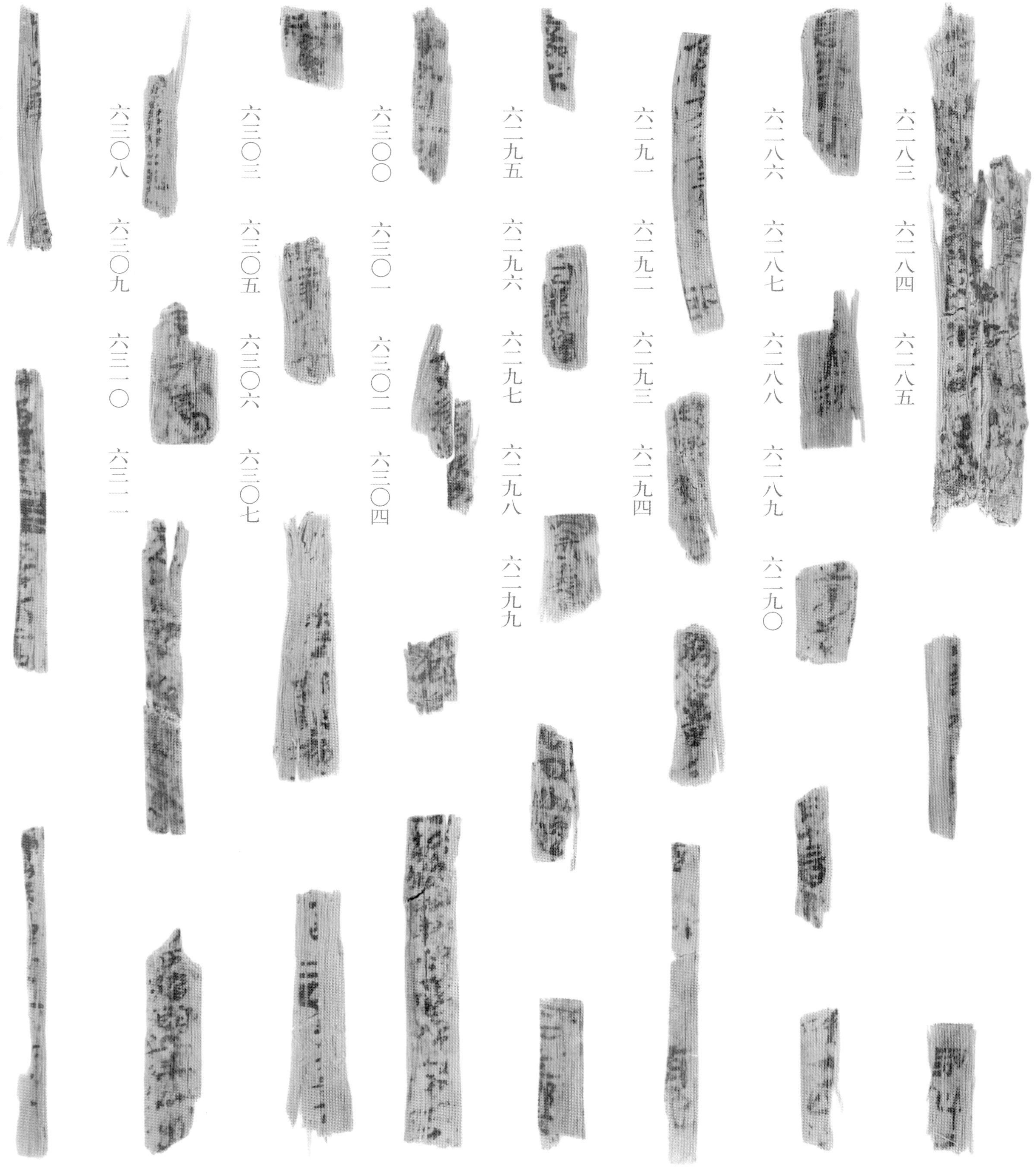

六二八三　六二八四　六二八五

六二八六　六二八七　六二八八　六二八九　六二九〇

六二九一　六二九二　六二九三　六二九四

六二九五　六二九六　六二九七　六二九八　六二九九

六三〇〇　六三〇一　六三〇二　六三〇四

六三〇三　六三〇五　六三〇六　六三〇七

六三〇八　六三〇九　六三一〇　六三一一

六三一二　六三一三　六三一四

六三一五　六三一六　六三一七　六三一八
六三一九　六三二〇　六三二五
六三二一　六三二二　六三二三　六三二四
六三二六　六三二七　六三二八　六三二九
六三三〇　六三三一　六三三二　六三三六
六三三三　六三三四　六三三五　六三三九
六三三七　六三三八
六三四〇　六三四一　六三四二　六三四三

六三四四

六三四五

六三四六　六三四七

六三四八　六三四九　六三五〇

六三五一　六三五二　六三五三　六三五四

六三五五　六三五六　六三五七　六三五八　六三五九

六三六〇　六三六一　六三六二　六三六三

六三六四　六三六五　六三六六　六三六七

六三六八　六三六九　六三七〇　六三七一

六三七二　六三七三　六三七四

六三七五　六三七六　六三七七

六三七八　六三七九　六三八〇　六三八一

六三八二　六三八三　六三八四　六三八五　六三八六

六三八七　六三八八　六三八九　六三九〇

六三九一　六三九二　六三九三　六三九四

六三九五　六三九六　六三九七　六三九八　六三九九

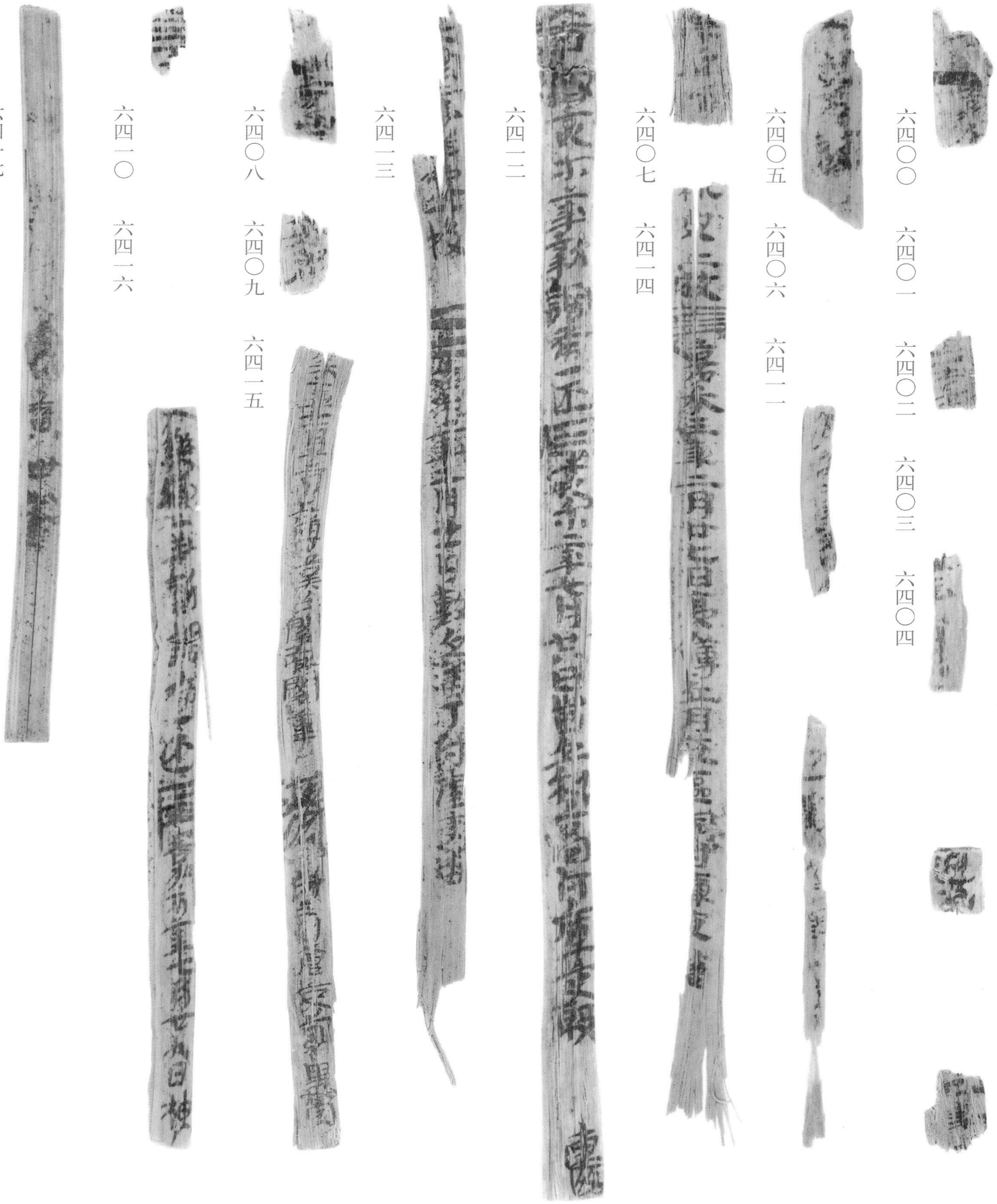

六四〇〇　六四〇一　六四〇二　六四〇三　六四〇四

六四〇五　六四〇六　六四一一

六四〇七　六四一四

六四一二

六四一三

六四〇八　六四〇九　六四一五

六四一〇　六四一六

六四一七

六四一八　六四一九
六四二〇　六四二一
六四二二　六四二三　六四二四　六四二六
六四二五　六四二七　六四二八
六四二九　六四三〇　六四三一　六四三二
六四三三　六四三四　六四三五　六四三九
六四三六　六四三七　六四三八
六四四〇　六四四一　六四四二　六四四三

六四四四　六四四五　六四四六　六四四七

六四四八　六四四九　六四五〇　六四五一

六四五二　六四五三　六四五四　六四五五

六四五六　六四五七　六四五八　六四五九

六四六〇　六四六一　六四六二　六四六三

六四六四　六四六六

六四六五　六四六七

六四六八

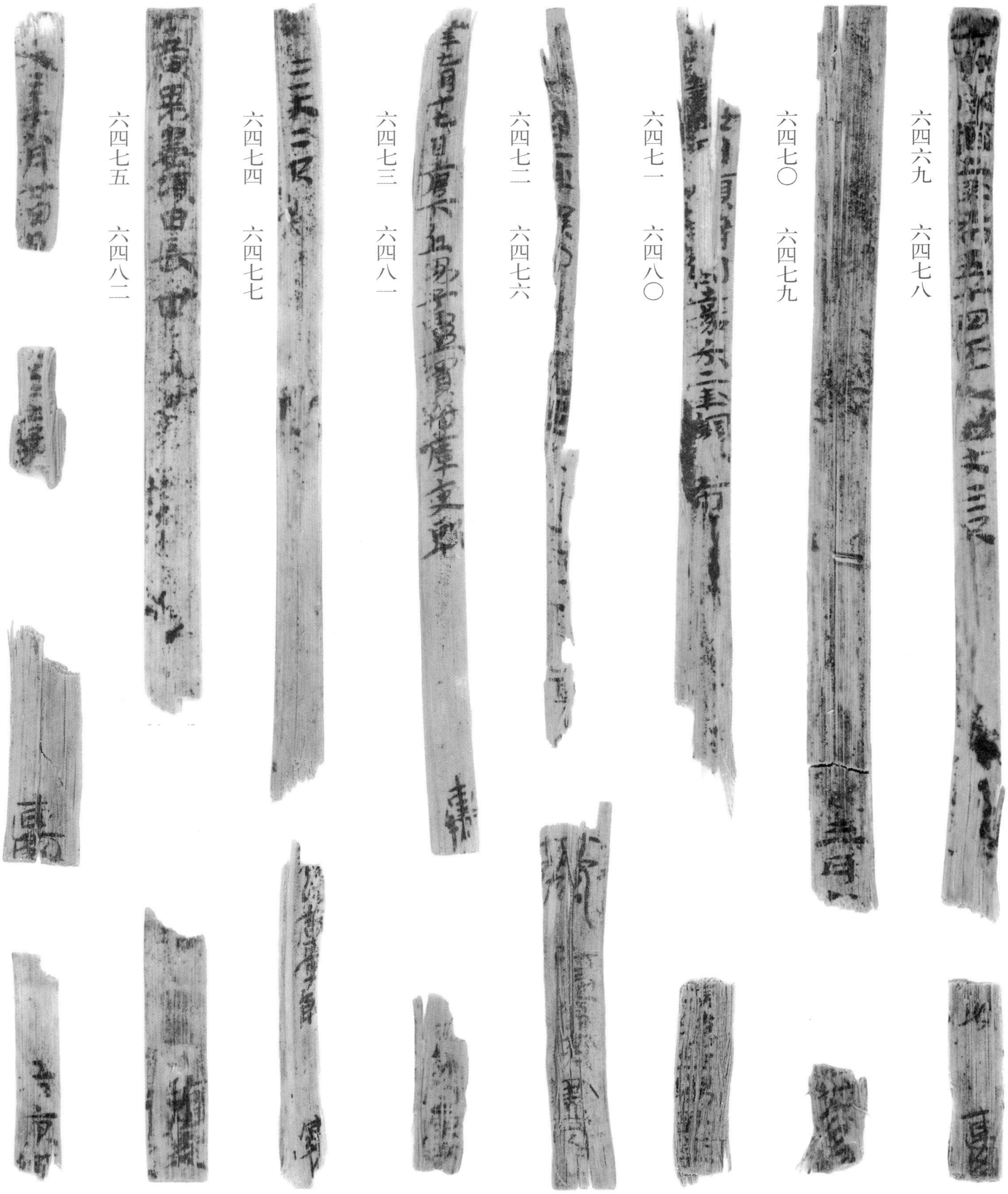

六四六九　六四七八

六四七〇　六四七九

六四七一　六四八〇

六四七二　六四七六

六四七三　六四八一

六四七四　六四七七

六四七五　六四八二

六四八三　六四八四　六四八五　六四八六

六四八七　六四八八　六四八九　六四九〇

六四九一　六四九二　六四九三　六四九四

六四九五　六四九六　六四九七　六四九八

六四九九　六五〇〇　六五〇一　六五〇二

六五〇三　六五〇四　六五〇五　六五〇六

六五〇七　六五〇八　六五〇九　六五一〇

六五一一　六五一二　六五一三　六五一四　六五一五

六五一六　六五一七　六五一八　六五一九

六五二〇正　六五二一　六五二二　六五二三

六五二〇背　六五二五

六五二四　六五二七　六五二九

六五二六正　六五二八

六五二六背　六五三五　六五三七

六五三〇　六五三一　六五三四

六五三二　六五三三

六五三六　六五三八

六五三九正　六五四七

六五三九背　六五四一

六五四〇　六五四二

六五四三　六五四四

六五四五

六五四六

六五四八正　六五四九正

六五四八背　六五四九背

六五五〇

六五五一正

六五五一背

六五五二

六五五三

六五五四

六五五五

六五五六

六五五七

六五五八

六五五九

六五六〇　六五六四

六五六二　六五六九

六五六三　六五六一

六五六五　六五六六

六五六七　六五六八

六五七〇　六五七一

六五七二　六五七三

六五七四　六五七五

六五七六　六五七七

六五七八　六五七九

六五八〇　六五八一

六五八二　六五八三

六五八四　六五八五

六五八六

六五八七

六五八八

六五八九

六五九〇
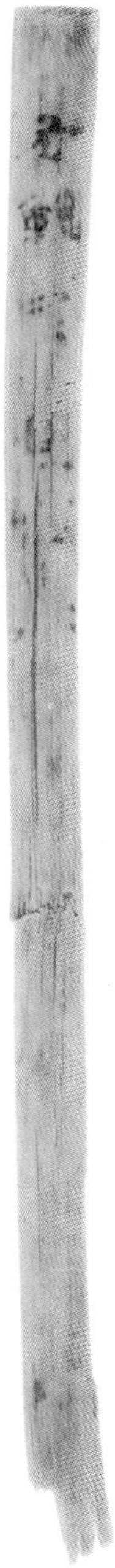

六五九一

六五九二
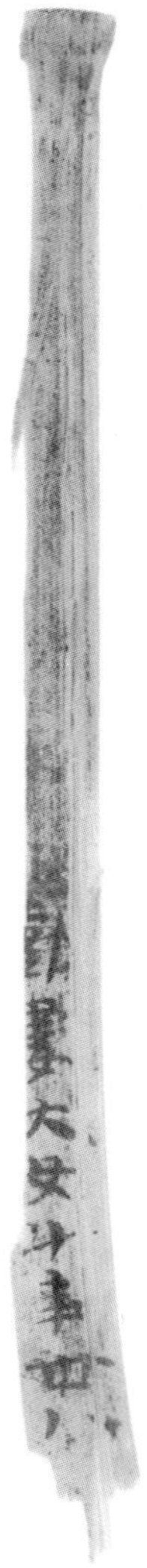

六五九三

六五九四
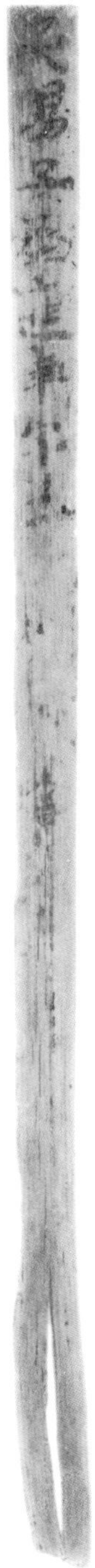

六五九五
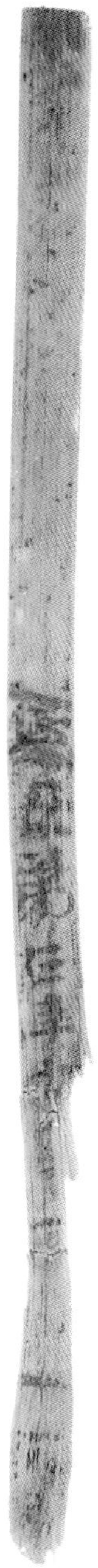

六五九六
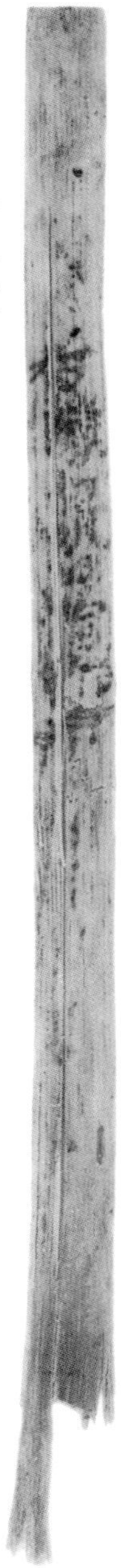

六五九七　六六〇一　六六〇二

六五九八　六六〇四

六五九九　六六〇三

六六〇〇

六六〇五　六六〇六　六六〇七　六六〇八

六六〇九　六六一〇　六六一一　六六一二

六六一三　六六一四　六六一五　六六一六

六六一七　六六一八　六六一九

六六二〇正　六六二一　六六二二

六六二〇背　六六二三　六六二四

六六二五　六六二六　六六二七

六六二八　六六二九　六六三〇

六六三一　六六三二　六六三三

六六三四　六六三五　六六四〇

六六三六　六六三七

六六三八　六六三九　六六四一

六六四二　六六四三

六六四四　六六四五

六六四六

六六四七

六六四八

六六四九

六六五〇

六六五一

六六五二

六六五三

六六五四

六六五五

六六五六

六六五七

六六五八

六六五九

六六六〇　六六六六
六六六一　六六七四
六六六二　六六六八
六六六三　六六六七
六六六四　六六六五
六六六九　六六七〇　六六七一
六六七二　六六七三　六六七五
六六七六　六六七七　六六七八　六六七九

六六八〇　六六八一　六六八二　六六八三

六六八四　六六八五　六六八六

六六八七　六六八八　六六八九　六六九〇

六六九一　六六九二　六六九三

六六九四　六六九五　六六九六　六六九七

六六九八

六六九九

六七〇〇

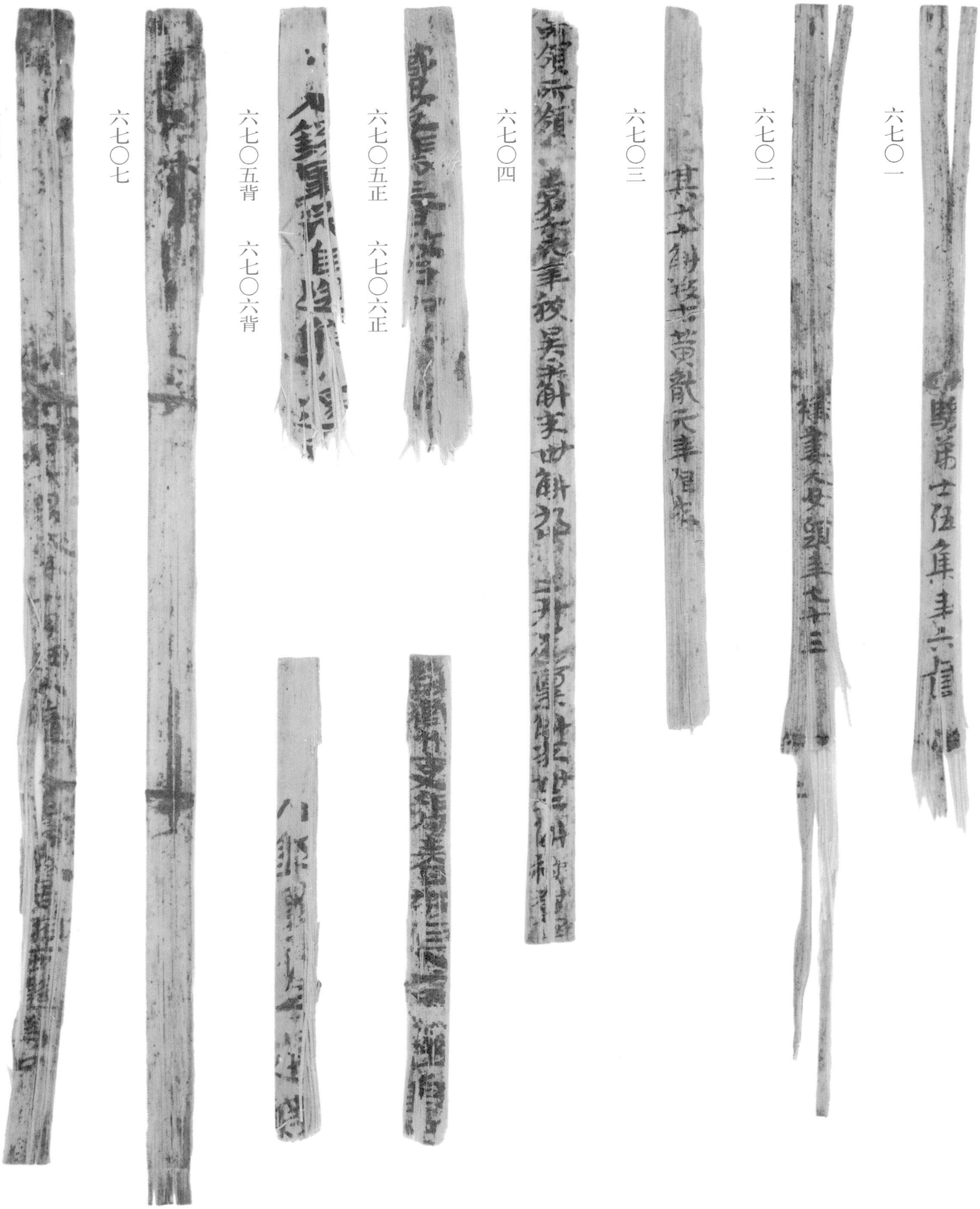

六七〇一

六七〇二

六七〇三

六七〇四

六七〇五正　六七〇六正

六七〇五背　六七〇六背

六七〇七

六七〇八

六七〇九

六七一〇

六七一一

六七一二

六七一三

六七一四

六七一五

六七一六

六七一七

六七一八

六七一九

六七二〇

六七二一

六七二二

六七二三

六七二四

六七二五

六七二六

六七二七

六七二八　六七二九　六七三一

六七三〇正　六七三三

六七三〇背　六七三四

六七三二

六七三五　六七三六

六七三七　六七三八

六七三九　六七四〇

六七四一正　六七四二

六七四一背　六七四四

六七四三正　六七四五

六七四三背　六七四六

六七四七正　六七四八

六七四七背　六七四九

六七五〇正
六七五〇背
六七五一正
六七五一背
六七五二
六七五三正
六七五三背
六七五四正
六七五四背

六七五五正

六七五五背

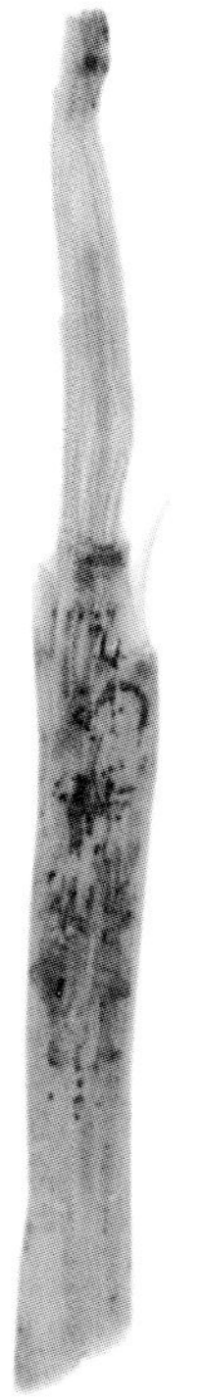
六七五七

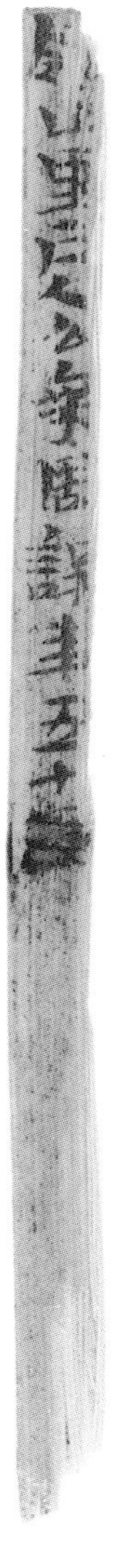
六七五六

六七五八

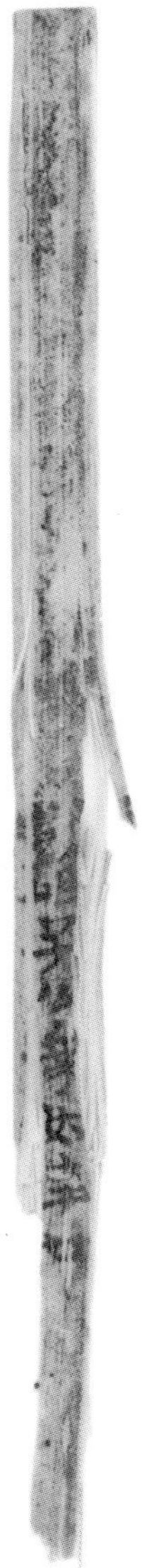
六七五九

六七六〇

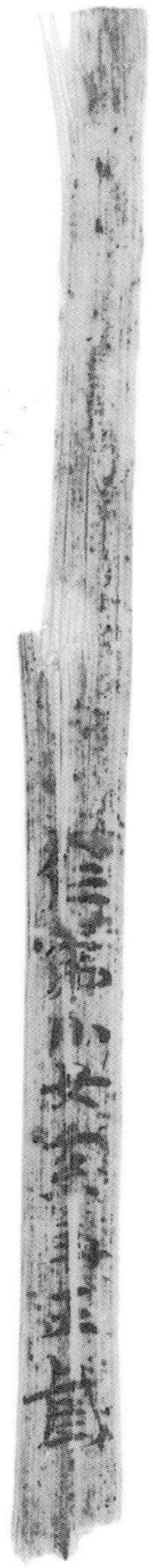
六七六一

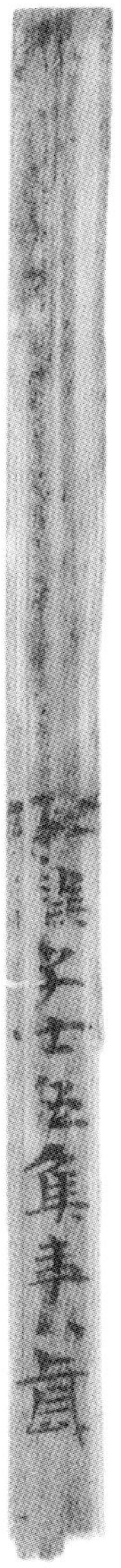
六七六二

六七六三 六七六四正 六七六四背 六七六五 六七六六 六七六七 六七六八 六七六九

六七七〇

六七七一

六七七二

六七七三

六七七四

六七七五

六七七六

六七七七

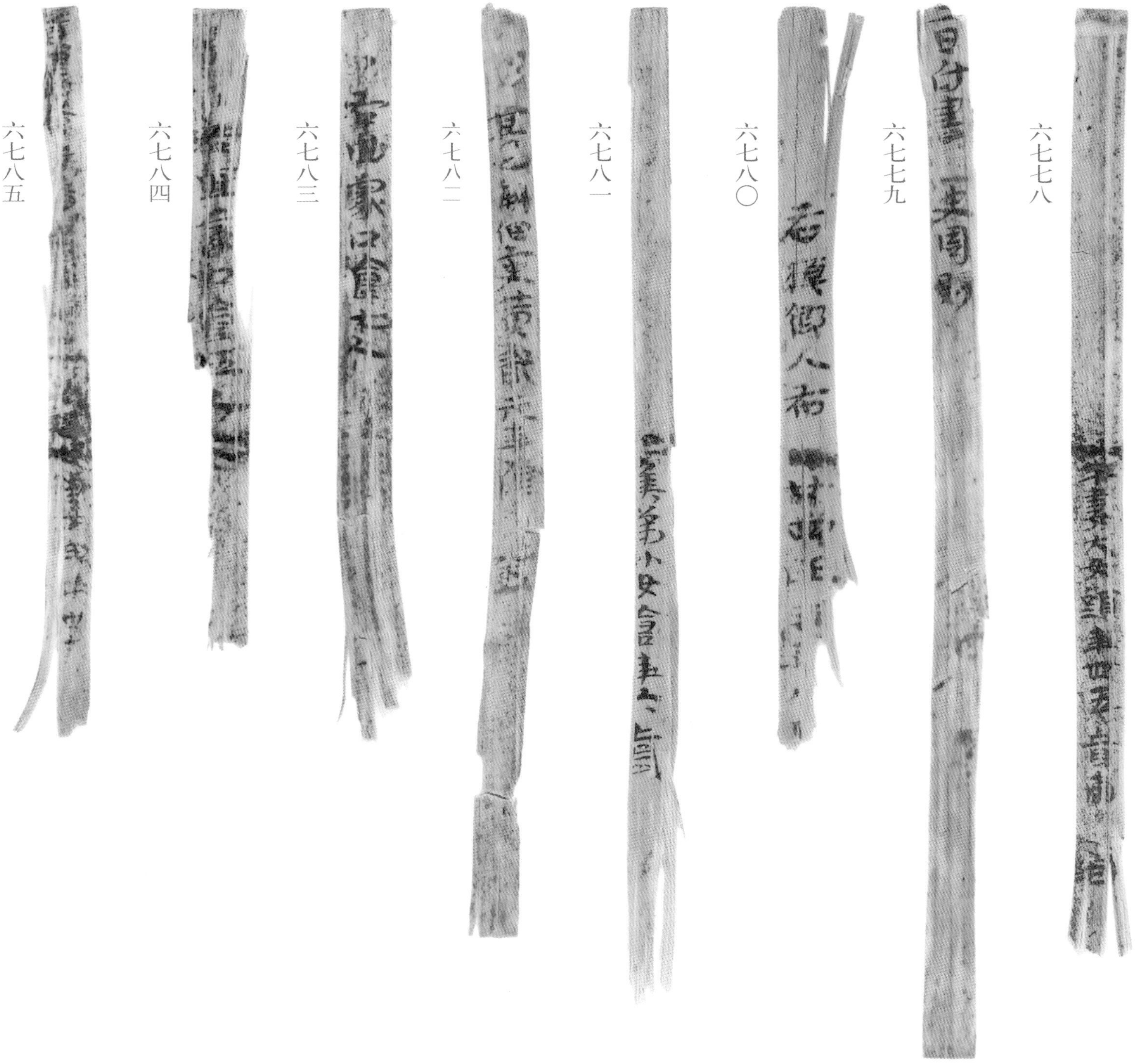

六七七八

六七七九

六七八〇

六七八一

六七八二

六七八三

六七八四

六七八五

六七八六

六七八七

六七八八

六七八九正

六七八九背

六七九〇

六七九一

六七九二

六七九三

六七九四

六七九五正

六七九五背

六七九六正

六七九六背

六七九七

六七九八

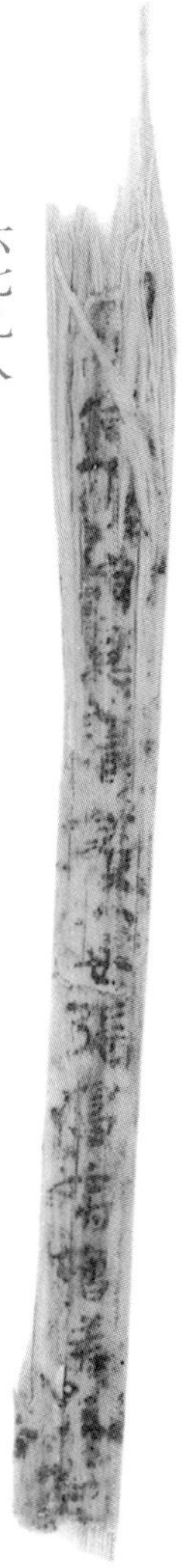

六七九九　六八〇〇

六八〇一

六八〇二　六八〇三

六八〇四

六八〇五

六八〇六　六八〇七

六八〇八正

六八〇八背

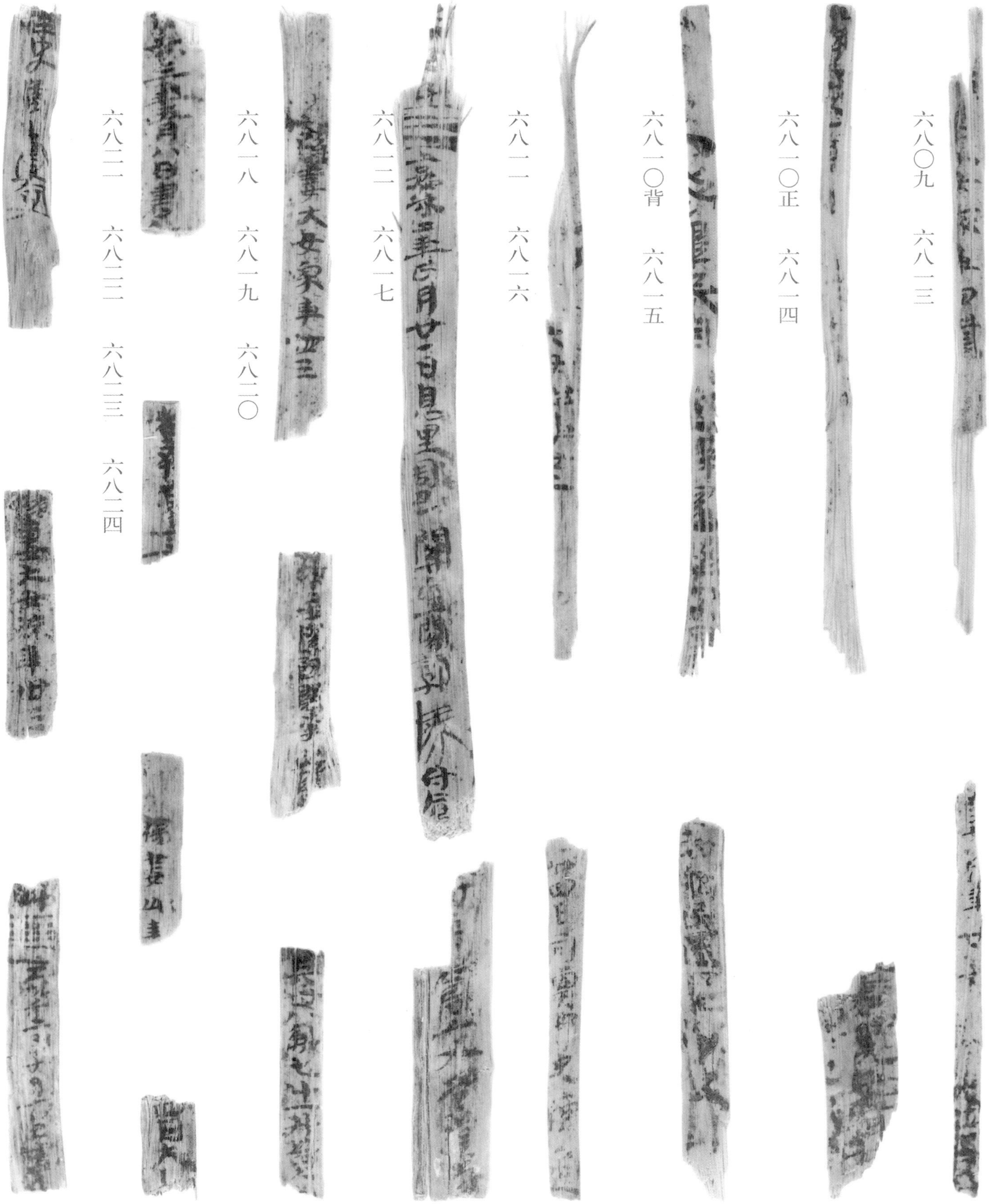

六八〇九　六八一三

六八一〇正　六八一四

六八一〇背　六八一五

六八一一　六八一六

六八一二　六八一七

六八一八　六八一九　六八二〇

六八二一　六八二二　六八二三　六八二四

六八二五　六八二六　六八二七

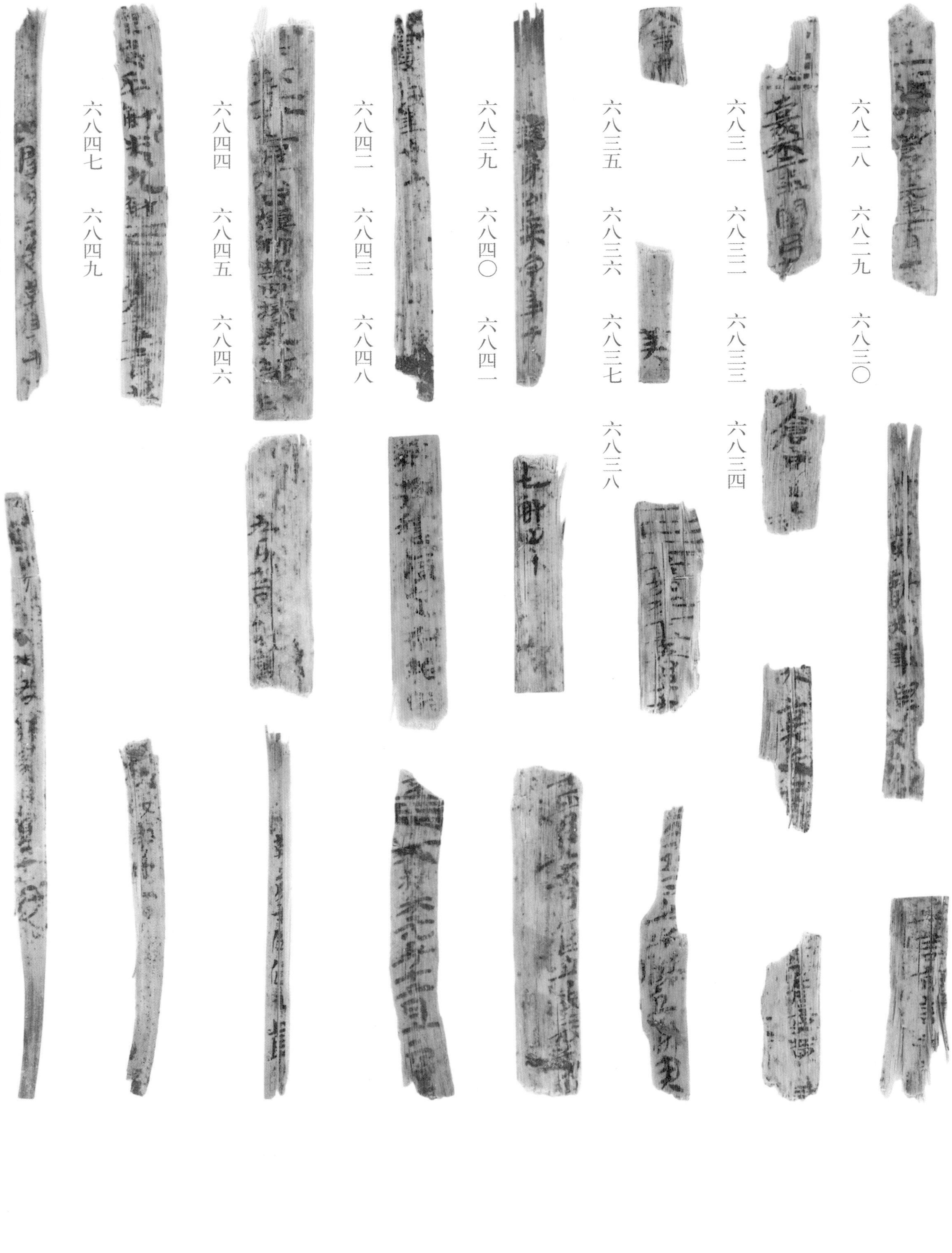

六八二八　六八二九　六八三〇
六八三一　六八三二　六八三三　六八三四
六八三五　六八三六　六八三七　六八三八
六八三九　六八四〇　六八四一
六八四二　六八四三　六八四八
六八四四　六八四五　六八四六
六八四七　六八四九
六八五〇　六八五一

六八五二

六八五三

六八五四正　六八五五

六八五四背　六八五六

六八五七正　六八五九

六八五七背　六八六〇

六八五八　六八六一

六八六二

六八六三

六八六四

六八六五

六八六六

六八六七

六八六八

六八六九正

六八六九背

六八七〇

六八七一

六八七二

六八七三

六八七四

六八七五

六八七六

六八七七

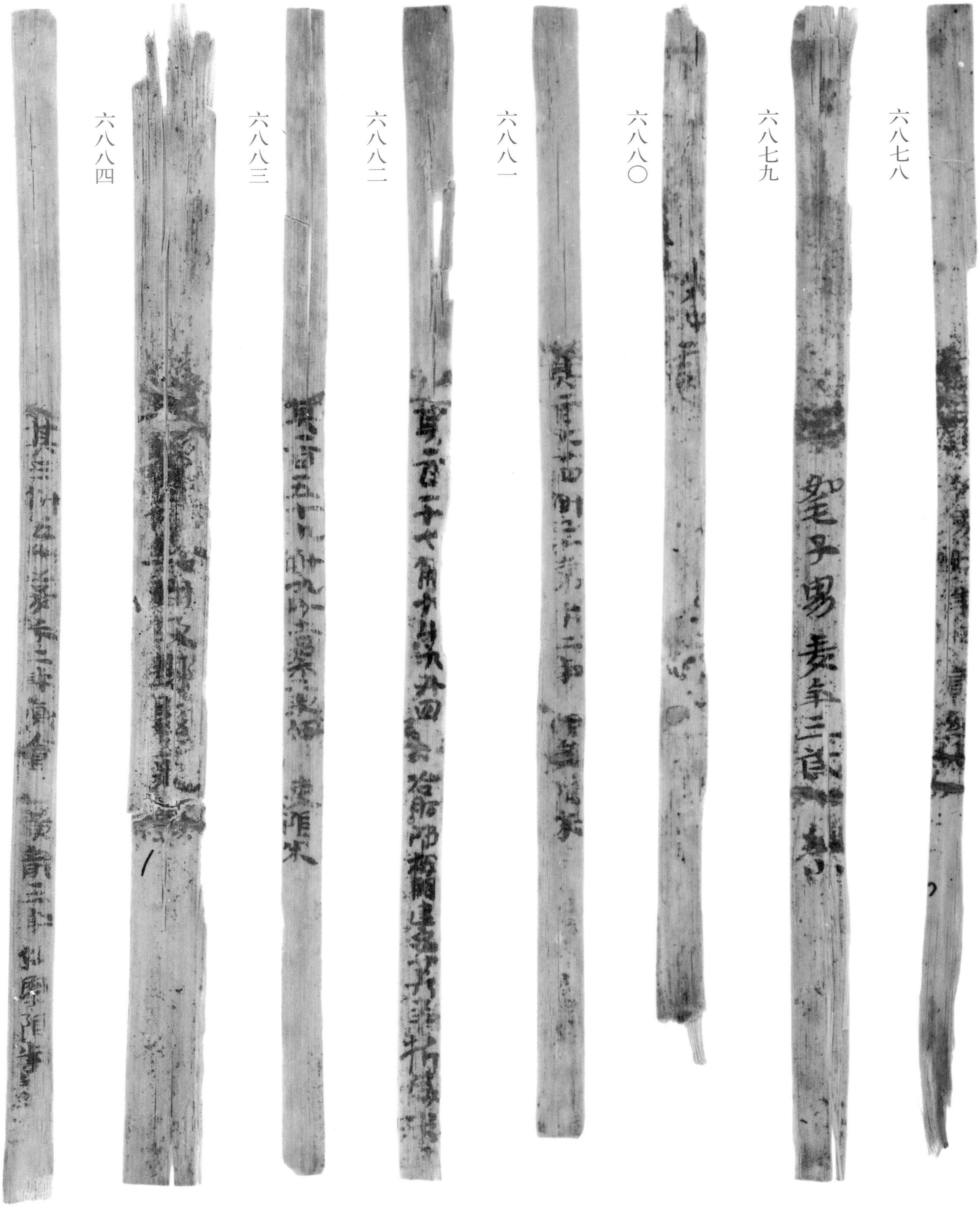

六八七八

六八七九

六八八〇

六八八一

六八八二

六八八三

六八八四

六八八五

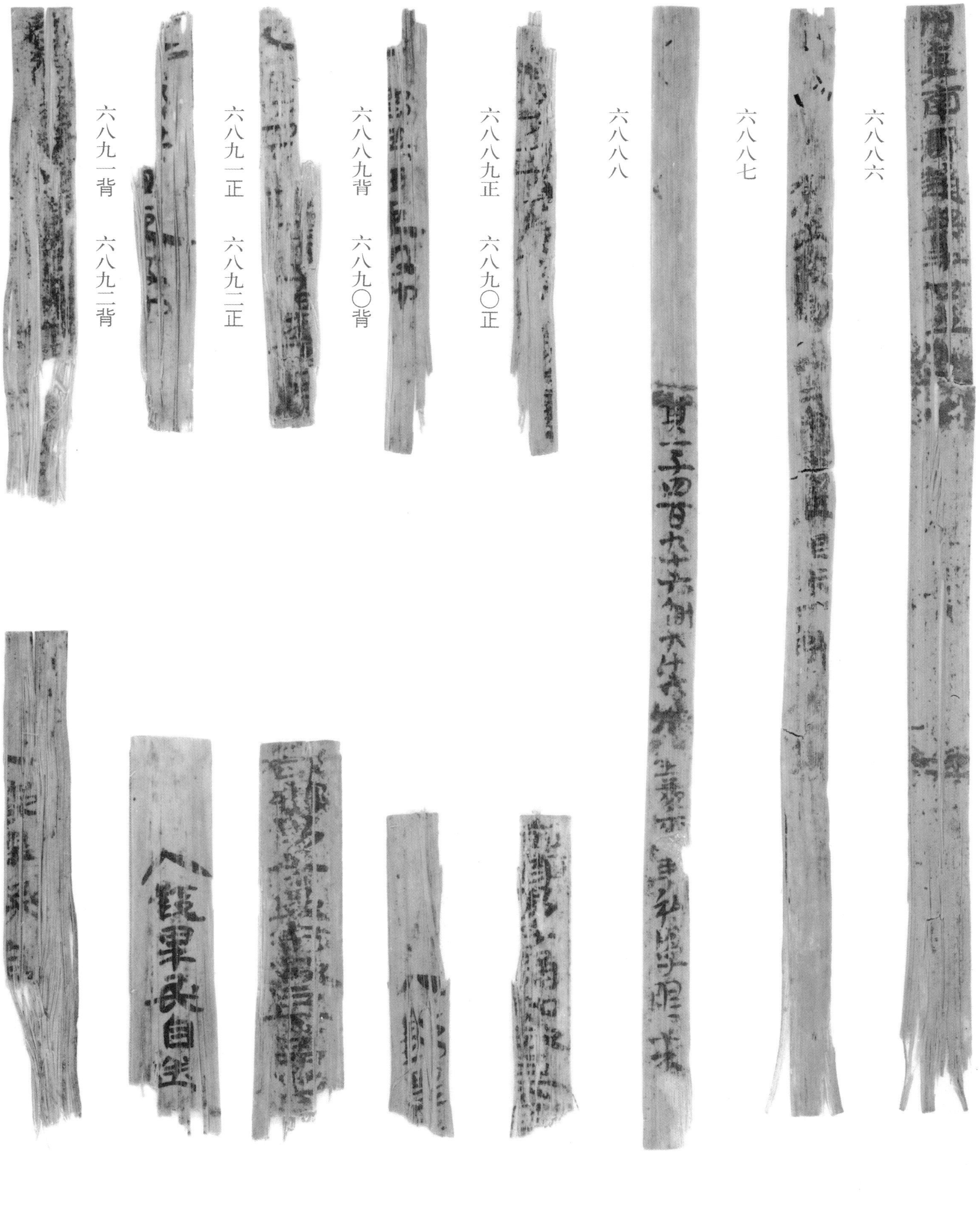

六八八六

六八八七

六八八八

六八八九正　六八九〇正

六八八九背　六八九〇背

六八九一正　六八九二正

六八九一背　六八九二背

六八九三正　六八九三背

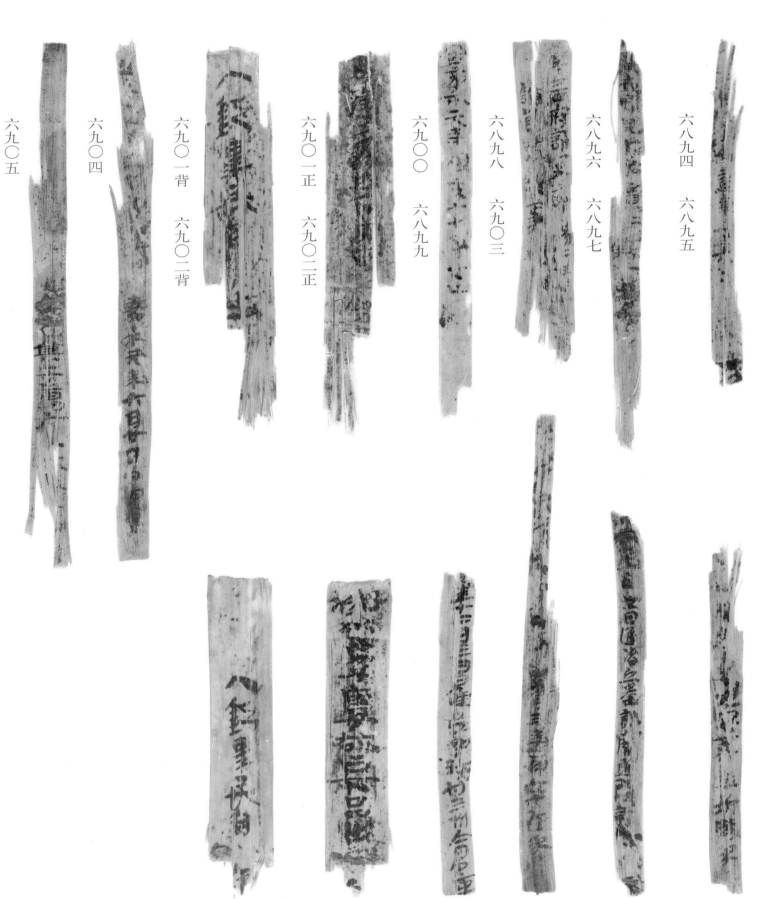

六八九四　六八九五

六八九六　六八九七

六八九八　六九〇三

六九〇〇　六八九九

六九〇一正　六九〇二正

六九〇一背　六九〇二背

六九〇四

六九〇五

六九〇六　六九〇七

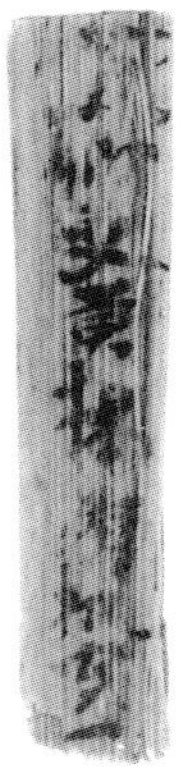

六九〇八

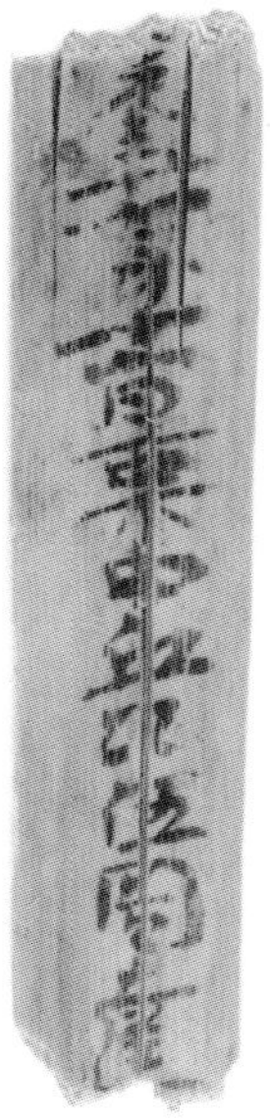

六九〇九正

六九〇九背

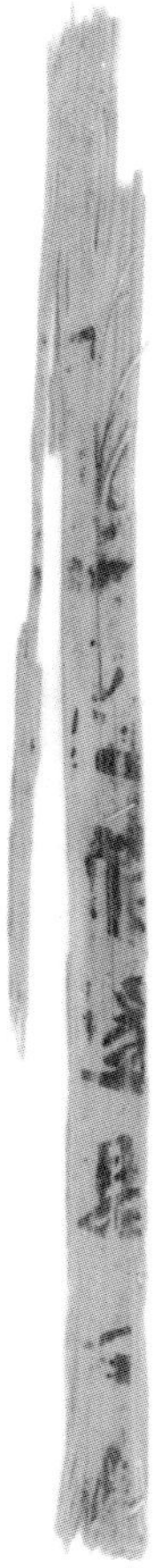

六九一〇

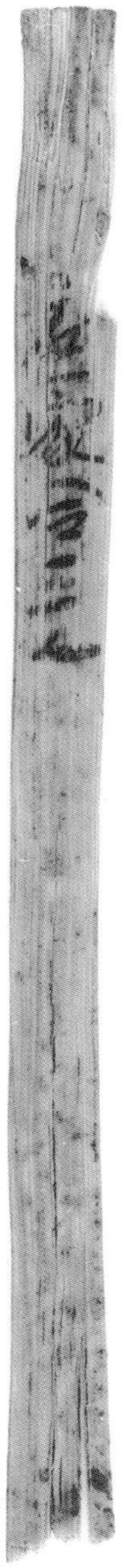

六九一一正

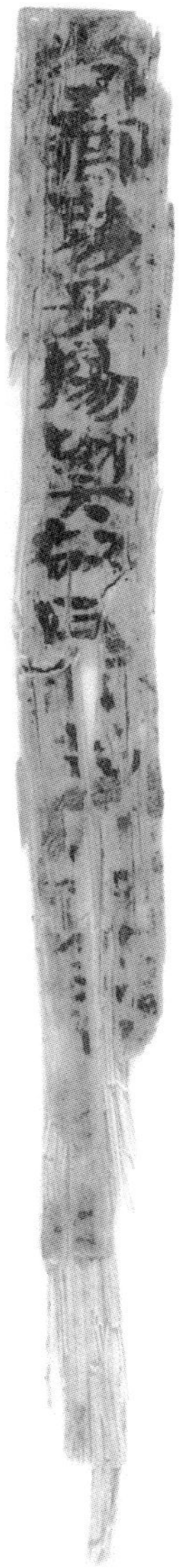

六九一一背

六九一二

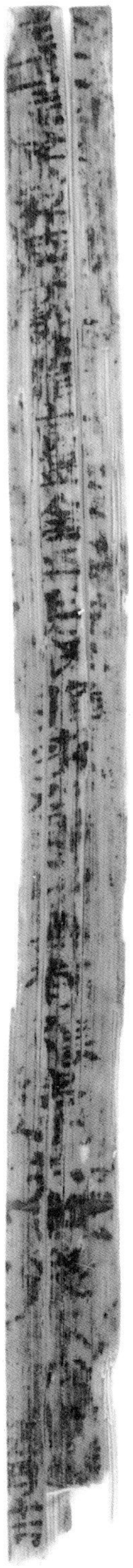

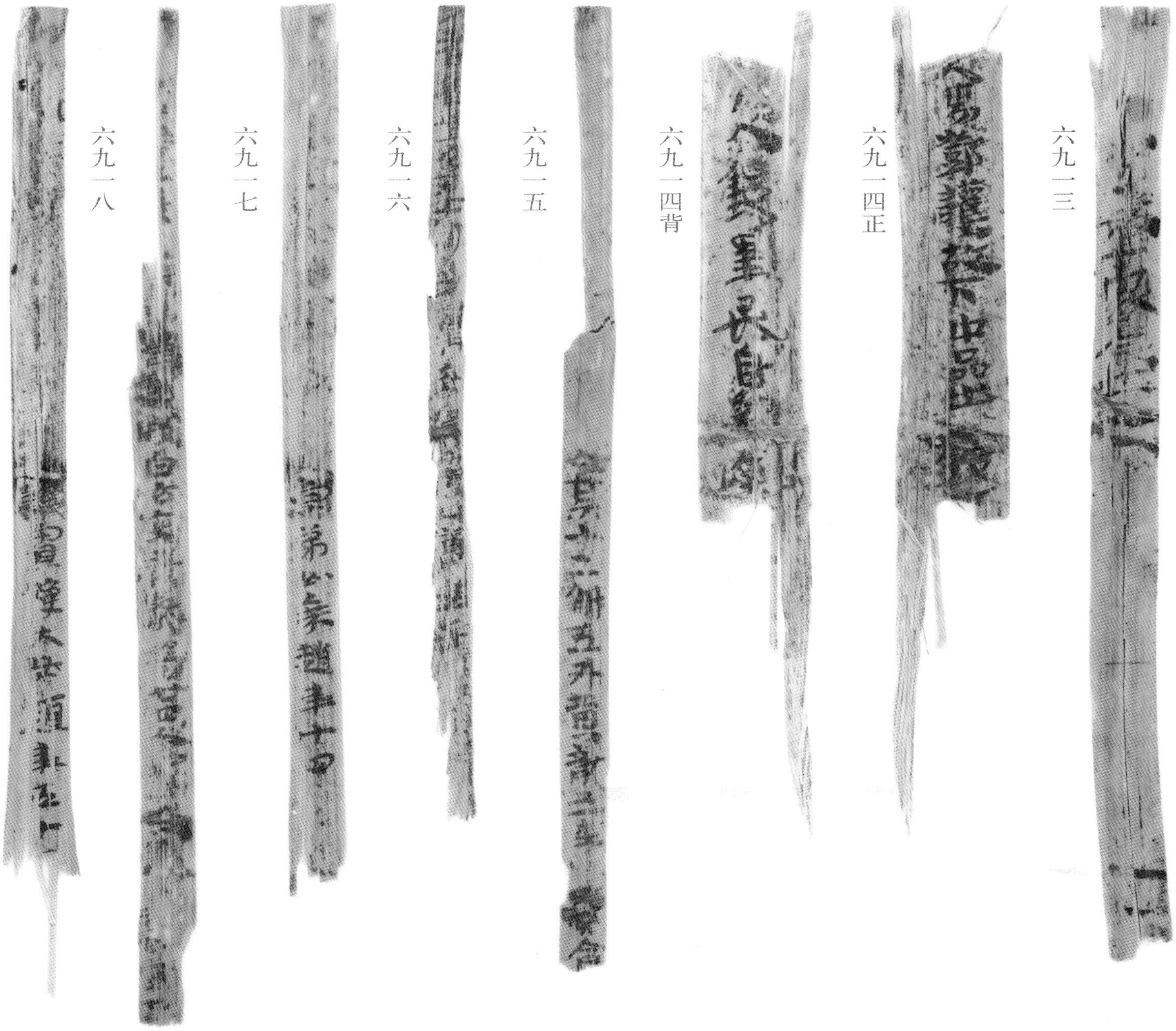

六九一三

六九一四正

六九一四背

六九一五

六九一六

六九一七

六九一八

六九一九

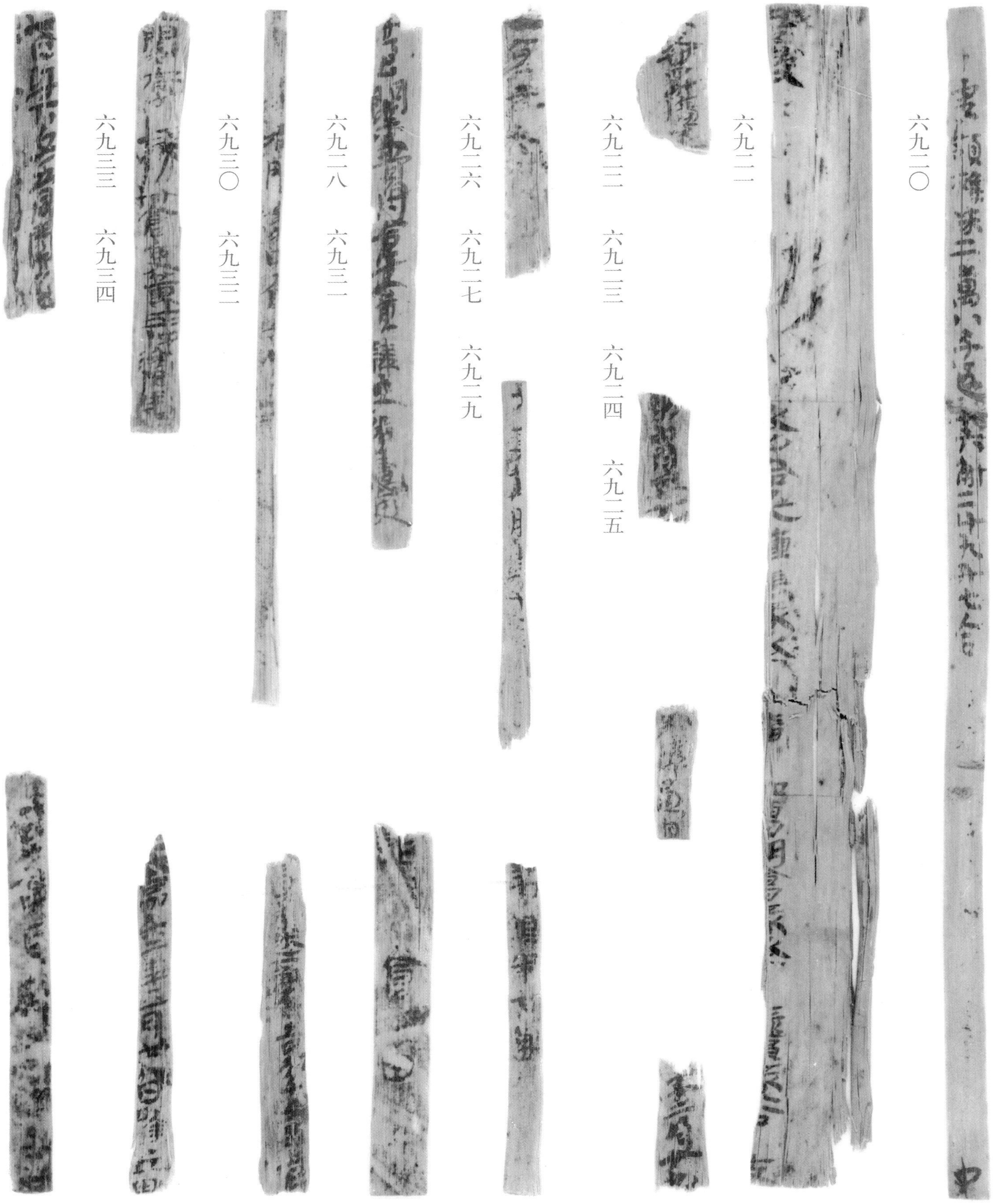

六九二〇

六九二一

六九二二　六九二三　六九二四　六九二五

六九二六　六九二七　六九二九

六九二八　六九三一

六九三〇　六九三二

六九三三　六九三四

六九三五　六九三六

六九三七 六九三八 六九三九
六九四〇 六九四一 六九四二
六九四三 六九四四正
六九四五 六九四四背
六九四六 六九四七
六九四八 六九四九
六九五〇 六九五一 六九五二
六九五三 六九五四

六九五五　六九五六

六九五七

六九五八　六九五九

六九六〇

六九六一

六九六二　六九六三

六九六四

六九六五

六九六六
六九六七　六九六八
六九六九　六九七〇
六九七一　六九七二
六九七三　六九七四
六九七五　六九七六　六九七七
六九七八　六九七九　六九八〇
六九八一正　六九八一背

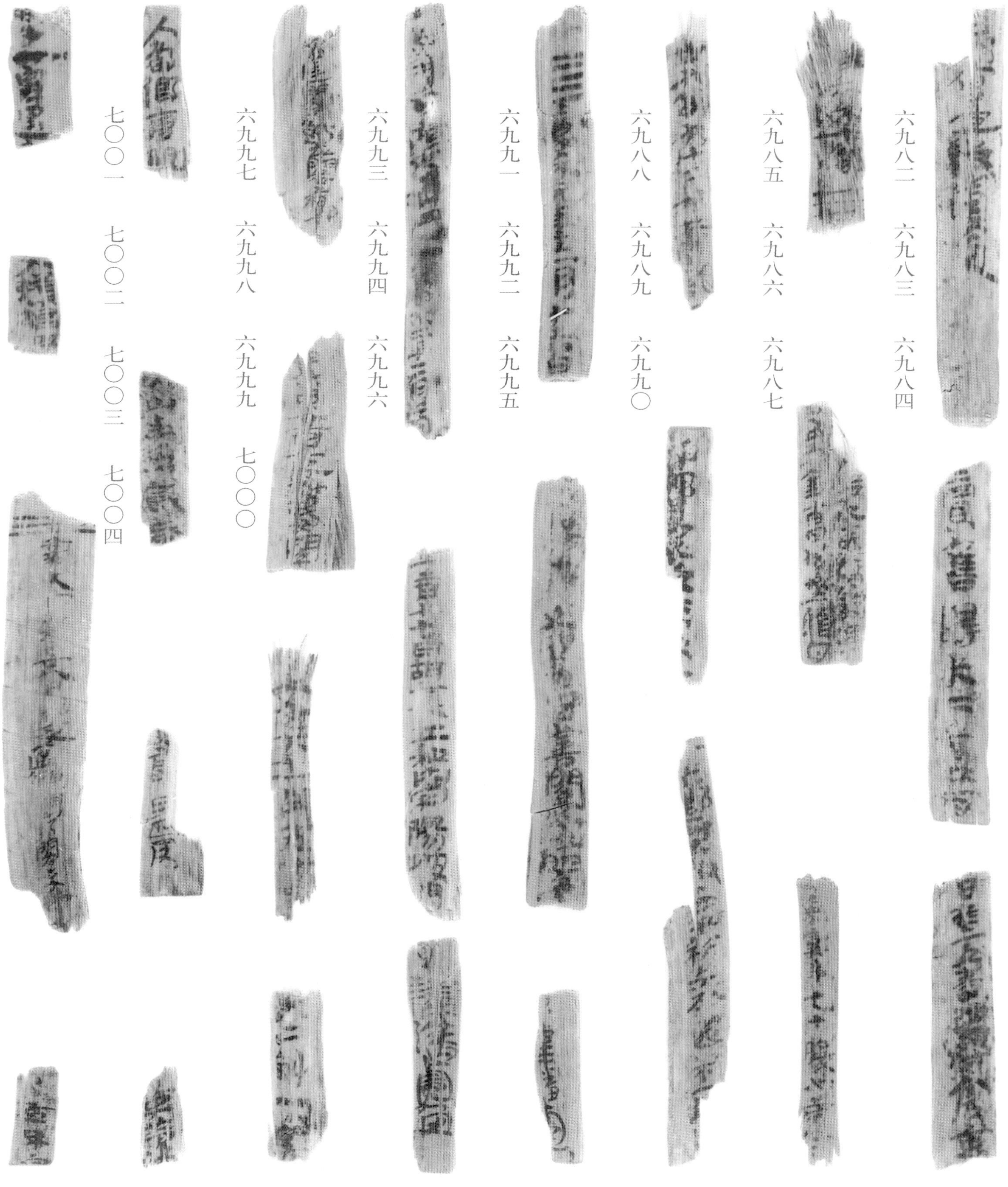

六九八二　六九八三　六九八四
六九八五　六九八六　六九八七
六九八八　六九八九　六九九〇
六九九一　六九九二　六九九五
六九九三　六九九四　六九九六
六九九七　六九九八　六九九九　七〇〇〇
七〇〇一　七〇〇二　七〇〇三　七〇〇四
七〇〇五　七〇〇六　七〇〇七　七〇〇八

七〇〇九　七〇一〇

七〇一一　七〇一三　七〇一四

七〇一二正　七〇一五

七〇一二背　七〇一六　七〇一七

七〇一八　七〇一九　七〇二〇

七〇二一　七〇二二　七〇二四

七〇二三　七〇二五　七〇二六

七〇二七　七〇二八　七〇二九

七〇三〇　七〇三一

七〇三二　七〇三三

七〇三四

七〇三五

七〇三六

七〇三七　七〇三九

七〇三八

七〇四〇

七〇四一

七〇四二

七〇四三

七〇四四

七〇四五

七〇四六

七〇四七

七〇四八

七〇四九

七〇五〇

七〇五一

七〇五二

七〇五三

七〇五四

七〇五五

七〇五六　七〇五七

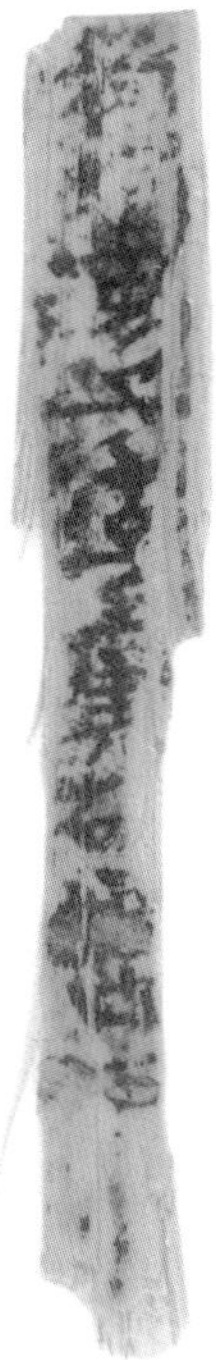

七〇五八　七〇五九正

七〇六〇　七〇五九背

七〇六一　七〇六二

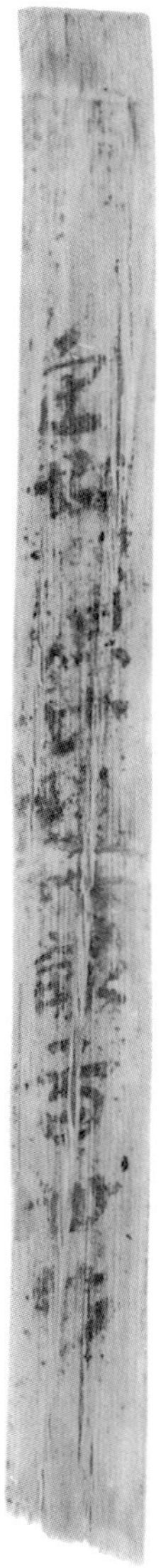

七〇六三

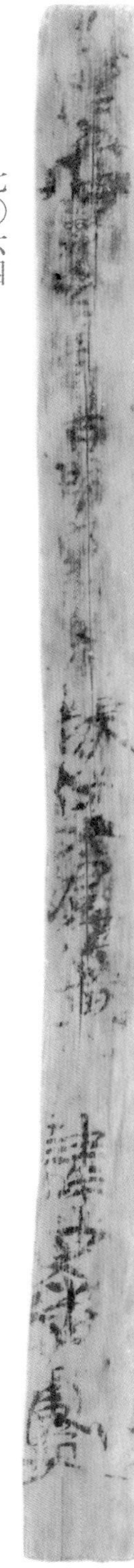

七〇六四

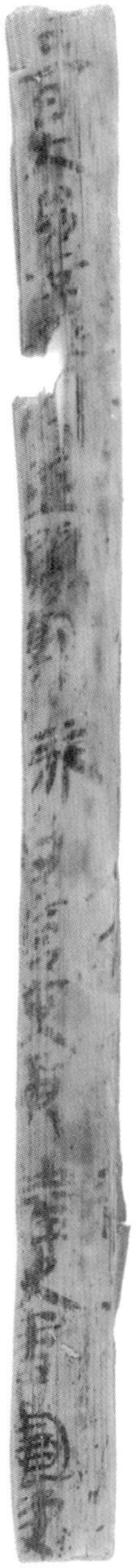

七〇六五

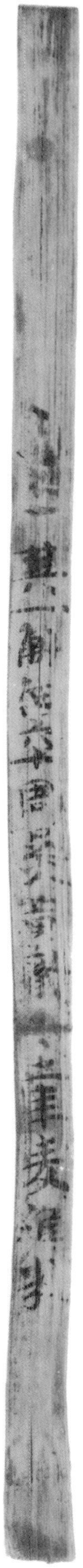

七〇六七

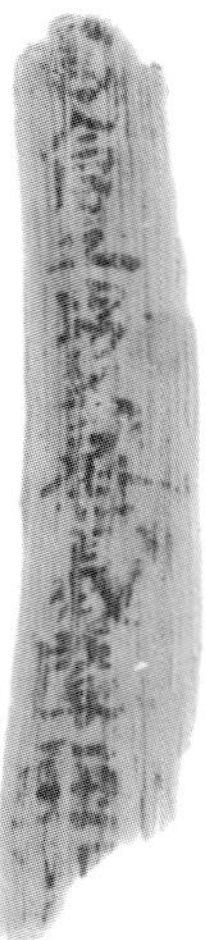

七〇六六　七〇六八

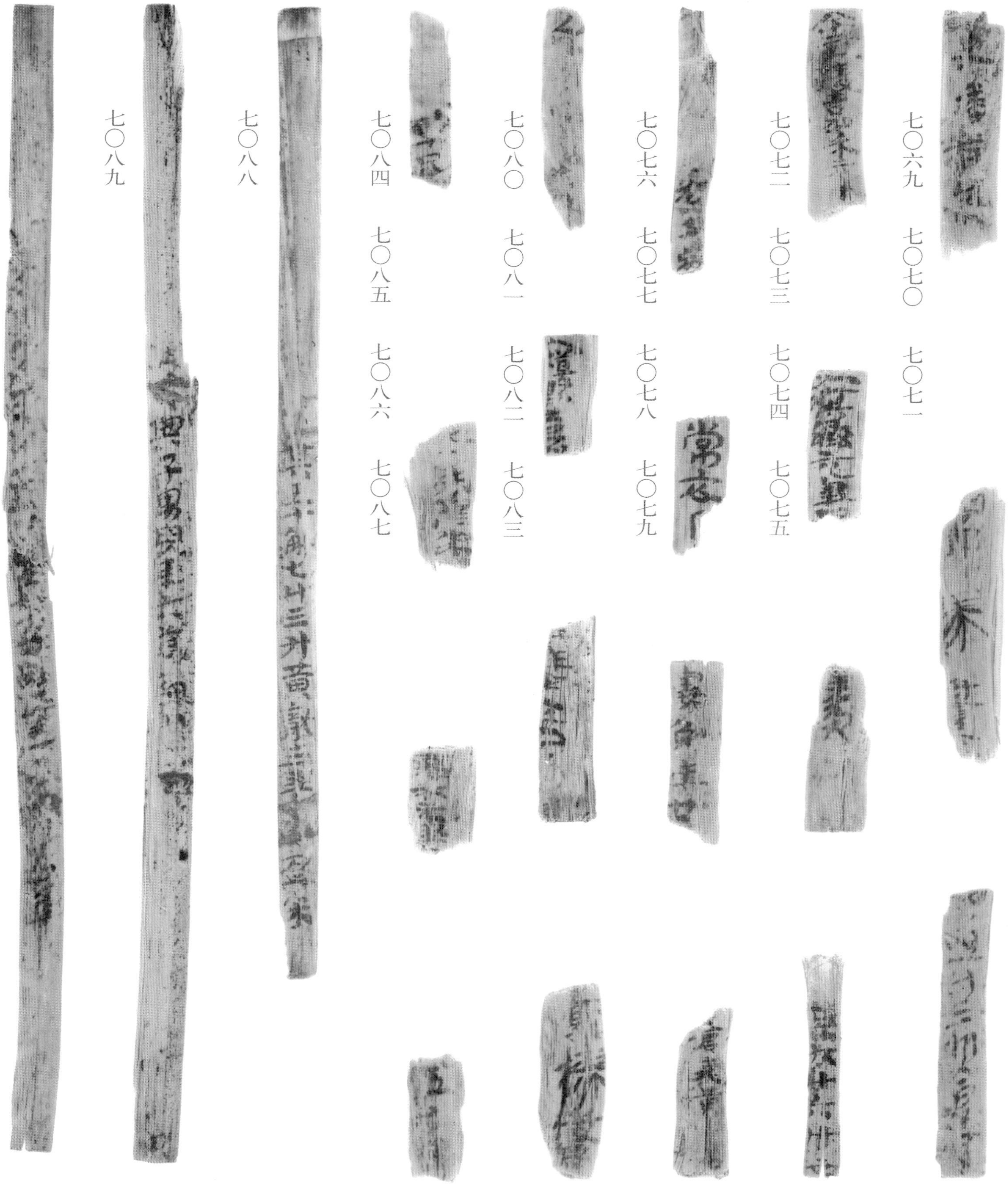

七〇六九　七〇七〇　七〇七一

七〇七二　七〇七三　七〇七四　七〇七五

七〇七六　七〇七七　七〇七八　七〇七九

七〇八〇　七〇八一　七〇八二　七〇八三

七〇八四　七〇八五　七〇八六　七〇八七

七〇八八

七〇八九

七〇九〇

七〇九一

七〇九二

七〇九三

七〇九四

七〇九五

七〇九六

七〇九七

七〇九八

七〇九九

七一〇〇

七一〇一

七一〇二

七一〇三

七一〇四

七一〇五

七一〇六

七一〇七

七一〇八

七一〇九

七一一〇

七一一一

七一一二　七一一三

七一一四　七一一五

七一一六　七一一七

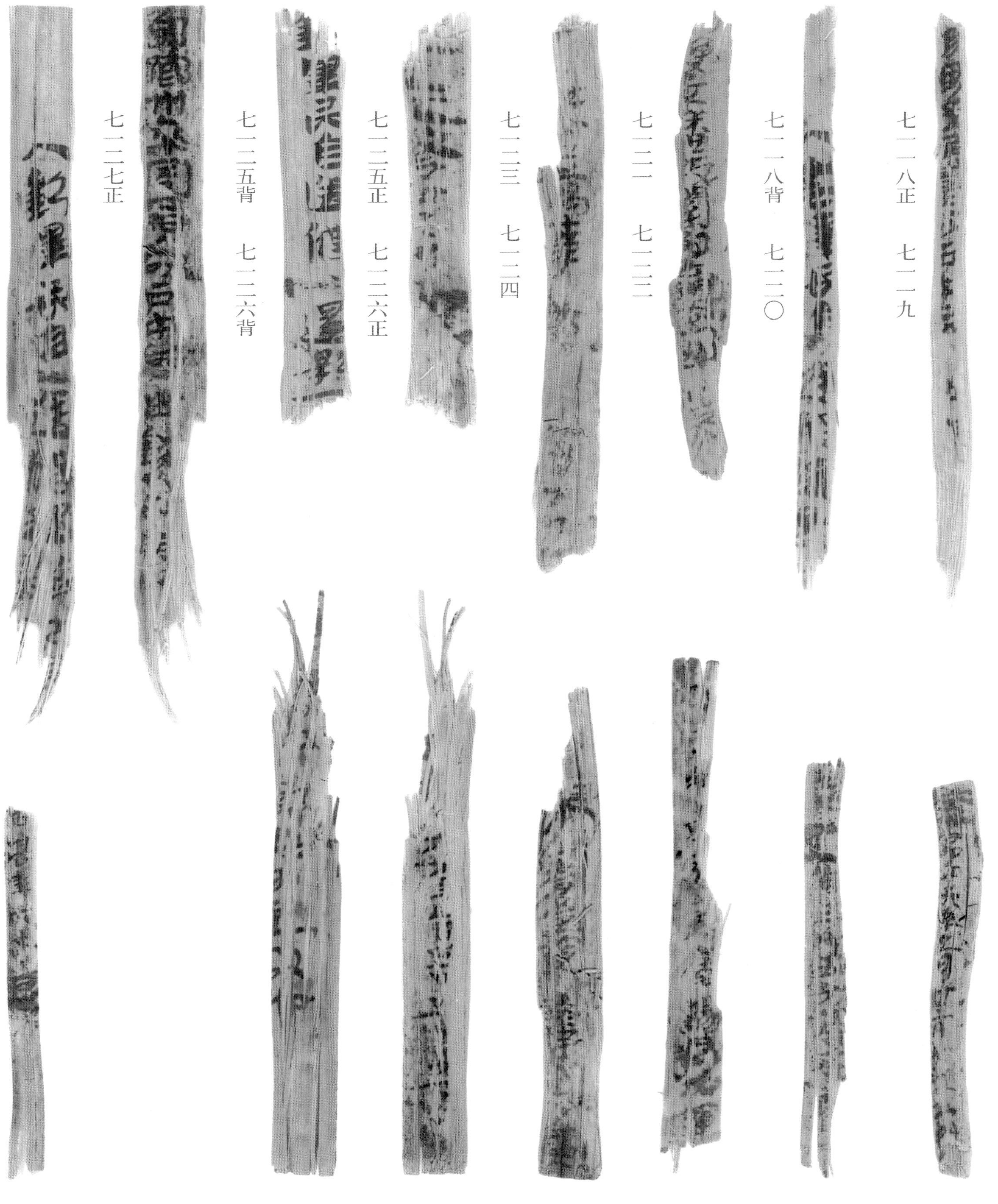

七一一八正　七一一九

七一一八背　七一二〇

七一二一　七一二二

七一二三　七一二四

七一二五正　七一二六正

七一二五背　七一二六背

七一二七正

七一二七背　七一二八

七一二九　七一三〇正

七一三一　七一三〇背

七一三二　七一三三

七一三四　七一三五　七一三六

七一三七　七一三八　七一三九

七一四〇　七一四一　七一四二

七一四三　七一四四　七一四五

七一四六　七一四七　七一四八

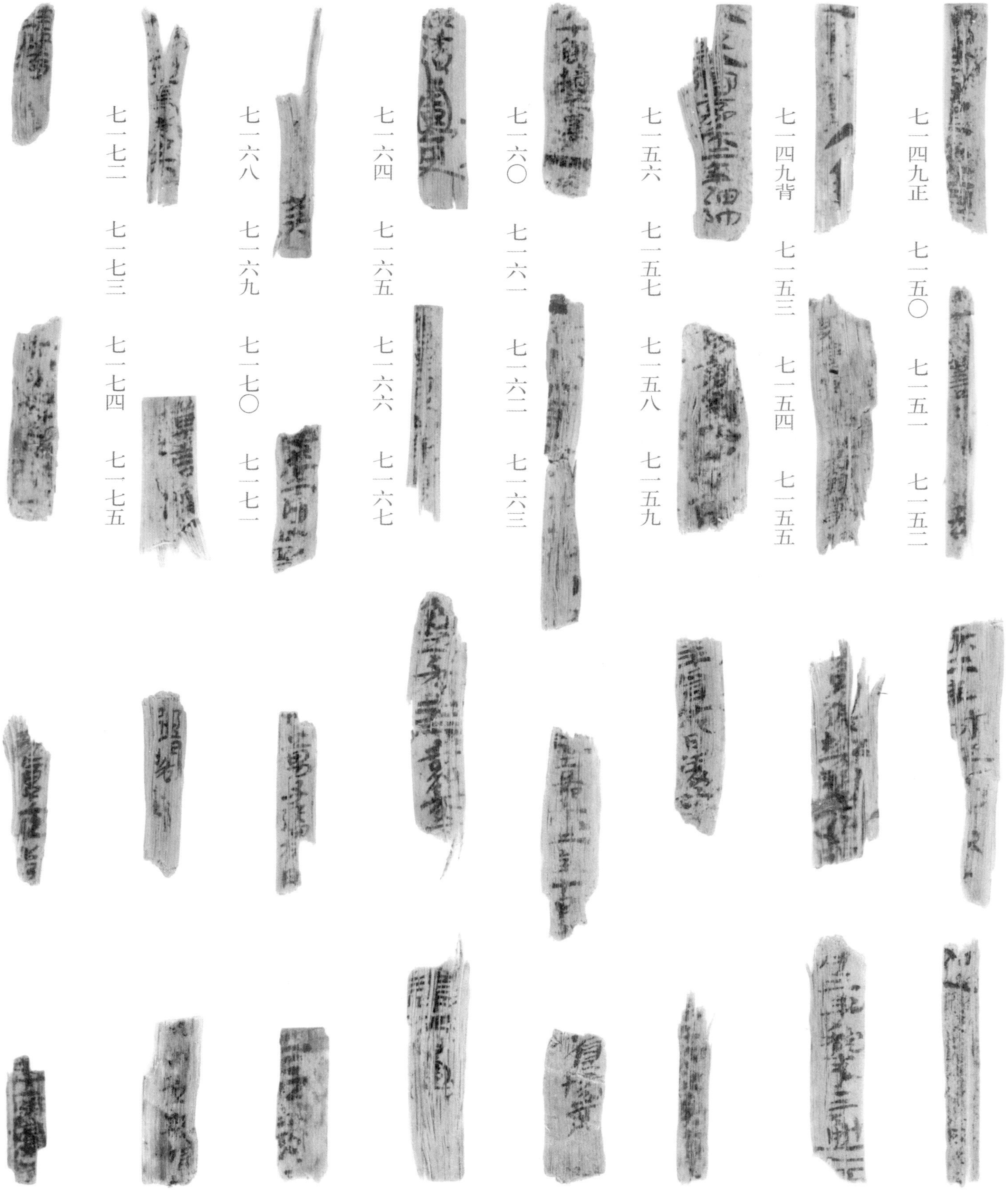

七一四九正 七一五〇 七一五一 七一五二

七一四九背 七一五三 七一五四 七一五五

七一五六 七一五七 七一五八 七一五九

七一六〇 七一六一 七一六二 七一六三

七一六四 七一六五 七一六六 七一六七

七一六八 七一六九 七一七〇 七一七一

七一七二 七一七三 七一七四 七一七五

七一七六 七一七七 七一七八 七一七九

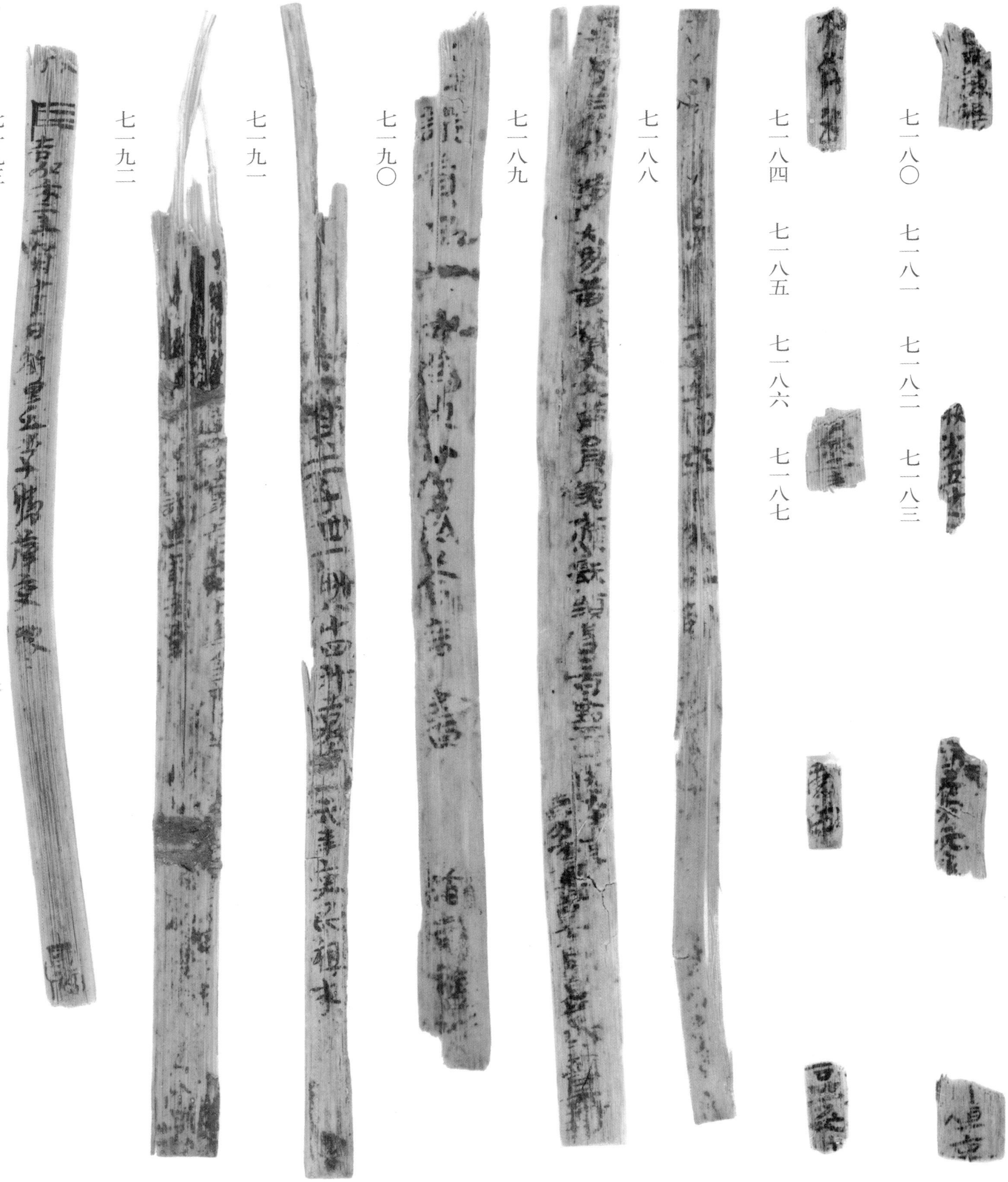

七一八〇　七一八一　七一八二　七一八三

七一八四　七一八五　七一八六　七一八七

七一八八

七一八九

七一九〇

七一九一

七一九二

七一九三

七一九四
七一九五
七一九六
七一九七
七一九八
七一九九
七二〇〇
七二〇一

七二〇二

七二〇三

七二〇四

七二〇五

七二〇六

七二〇七

七二〇八

七二〇九

七二一〇

七二一一

七二一二

七二一三

七二一四

七二一五

七二一六

七二一七

七二一八
七二一九
七二二〇
七二二一
七二二二
七二二三
七二二四
七二二五

七二二六

七二二七

七二二八

七二二九

七二三〇

七二三一

七二三二

七二三三

七二三四

七二三五

七二三六

七二三七

七二三八

七二三九

七二四〇　七二四二

七二四一

七二四四正　七二四三

七二四四背

七二四五正

七二四五背

七二四六正

七二四六背

七二四七正

七二四七背

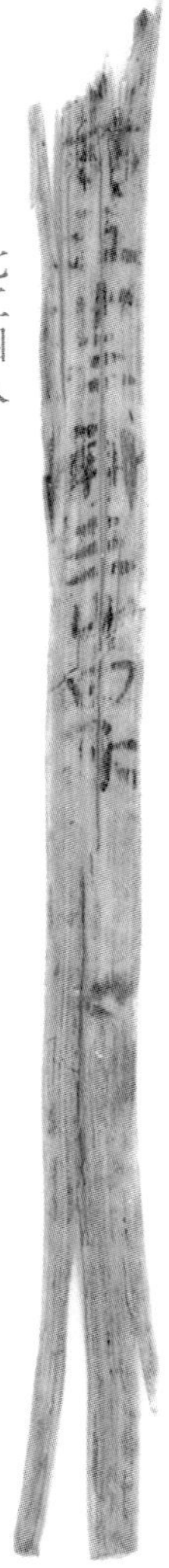
七二四八

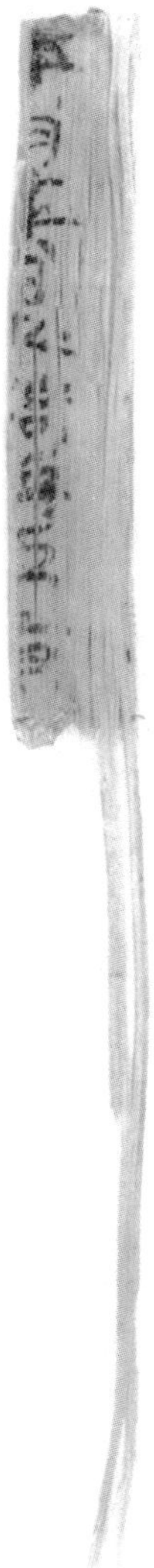
七二四九

七二五〇　七二五一

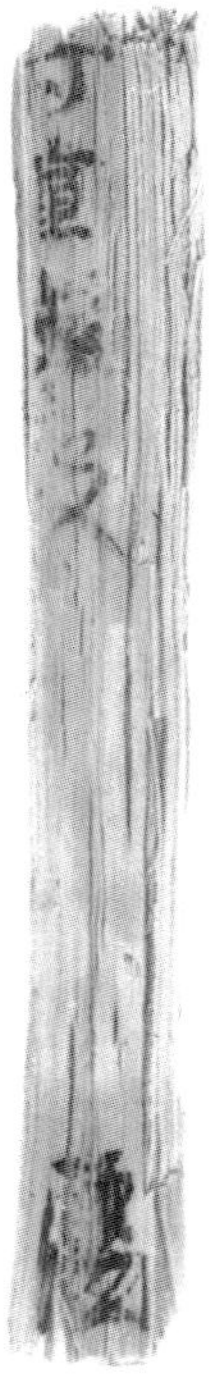
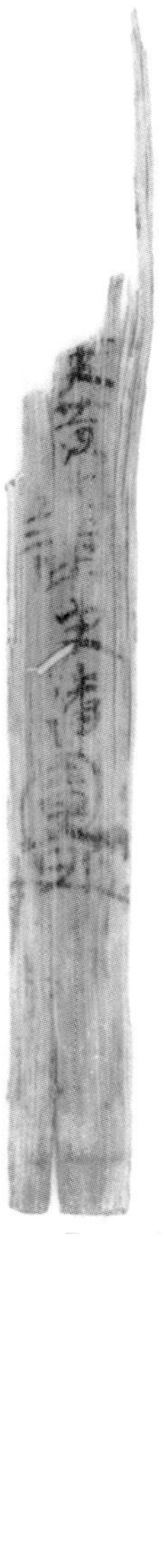
七二五二　七二五三

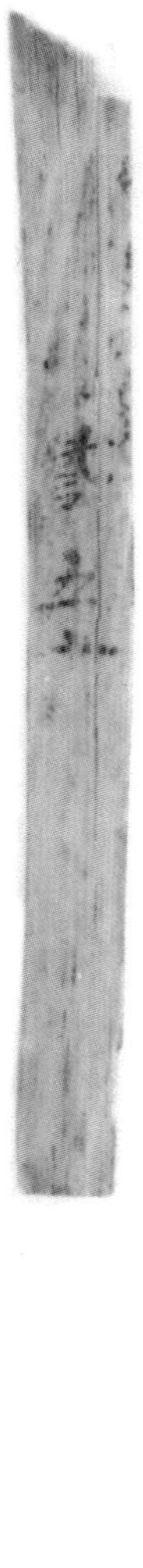
七二五四　七二五五

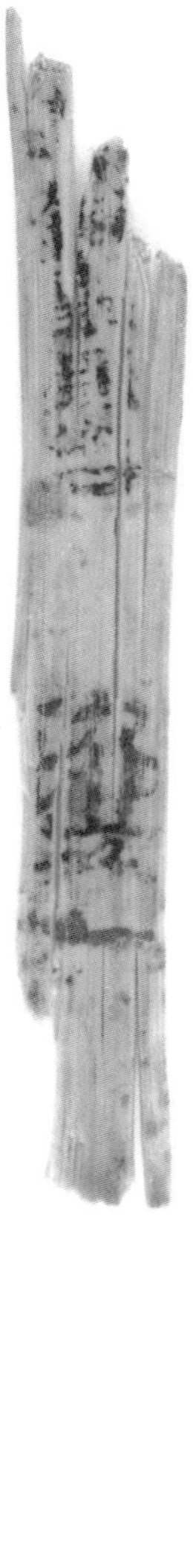
七二五六　七二五七

七二五八　七二五九

七二六〇　七二六一

七二六二　七二六三

七二六四　七二六五

七二六六　七二六七

七二六八　七二六九

七二七〇　七二七一

七二七二　七二七三

七二七四 七二七五 七二七六
七二七七 七二七八 七二七九
七二八〇 七二八一 七二八二
七二八三 七二八四 七二八五 七二八六
七二八七 七二八八 七二八九
七二九〇 七二九一 七二九四
七二九二 七二九三
七二九五 七二九六 七二九七

七二九八　七二九九　七三〇〇

七三〇一　七三〇二　七三〇四

七三〇三　七三〇五　七三〇六

七三〇七　七三〇八　七三〇九

七三一〇　七三一一　七三一二　七三一三　七三一四

七三一五　七三一六　七三一七　七三一八

七三一九　七三二〇　七三二一　七三二二

七三二三　七三二四　七三二五

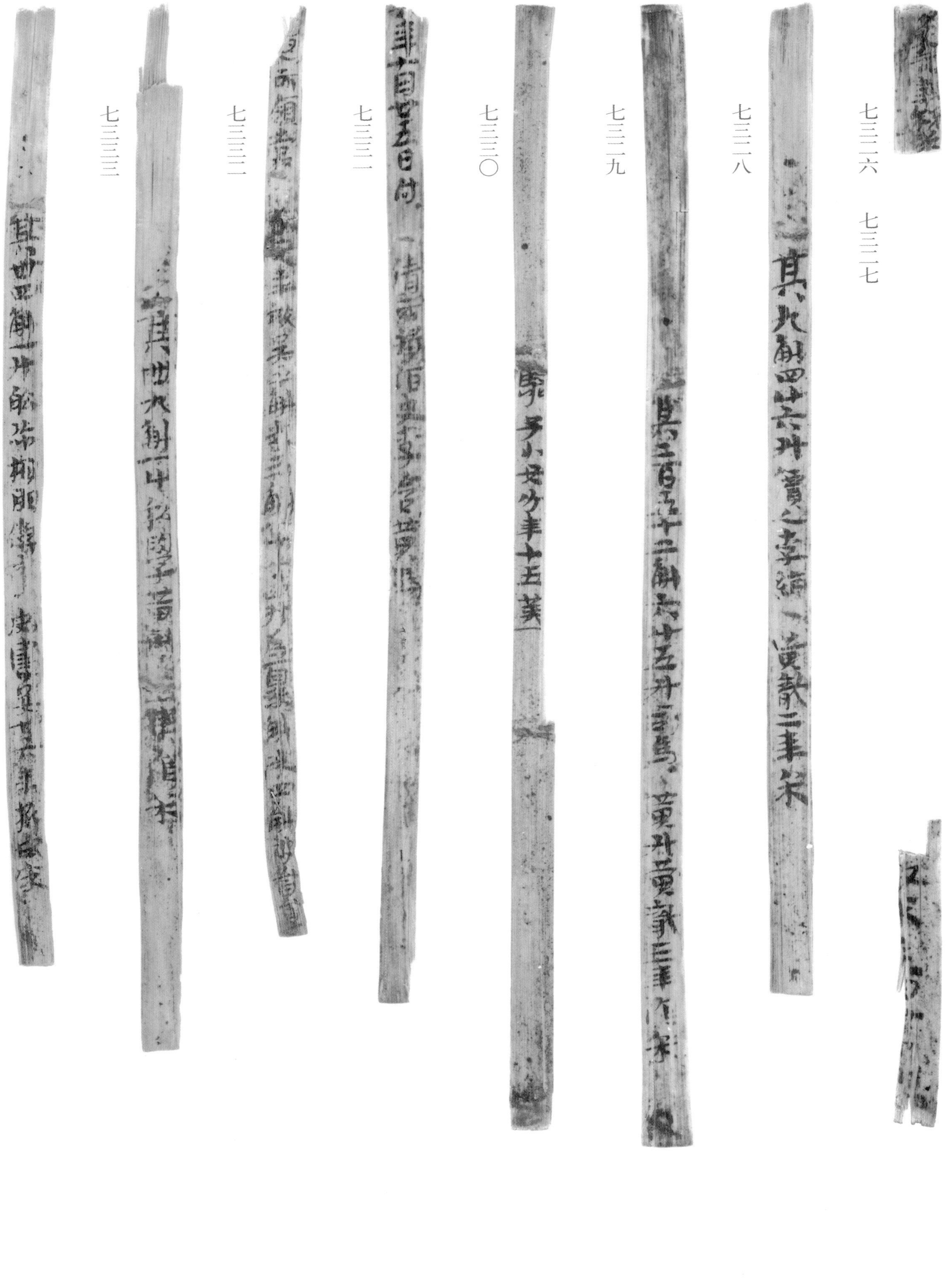

七三二六 七三二七

七三二八

七三二九

七三三〇

七三三一

七三三二

七三三三

七三三四

七三三五

七三三六

七三三七

七三三八

七三三九

七三四〇

七三四一

七三四二

七三四三
七三四四
七三四五
七三四六
七三四七
七三四八
七三四九
七三五〇

七三五一

七三五二

七三五三

七三五四

七三五五

七三五六

七三五七

七三五八

七三五九

七三六〇

七三六一

七三六二

七三六三

七三六四

七三六五

七三六六

七三六七

七三六八

七三六九

七三七〇正

七三七〇背

七三七一

七三七二

七三七三

七三七四

七三七五

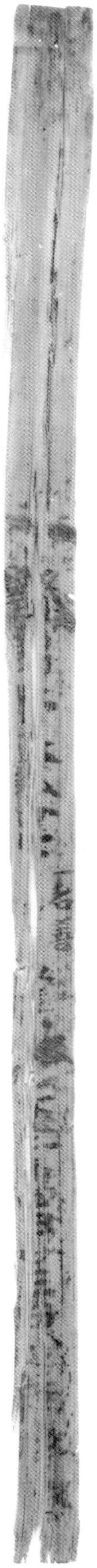
七三七六

七三七七

七三七八

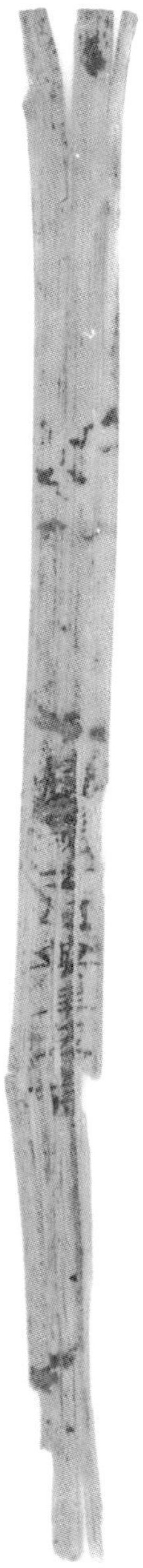
七三七九

七三八〇

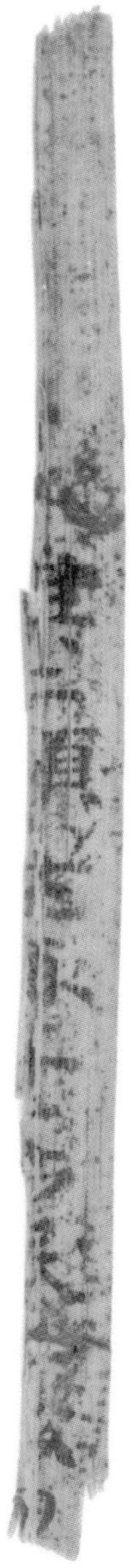
七三八一

七三八二

七三八三

七三八四

七三八五

七三八六

七三八七

七三八八

七三八九

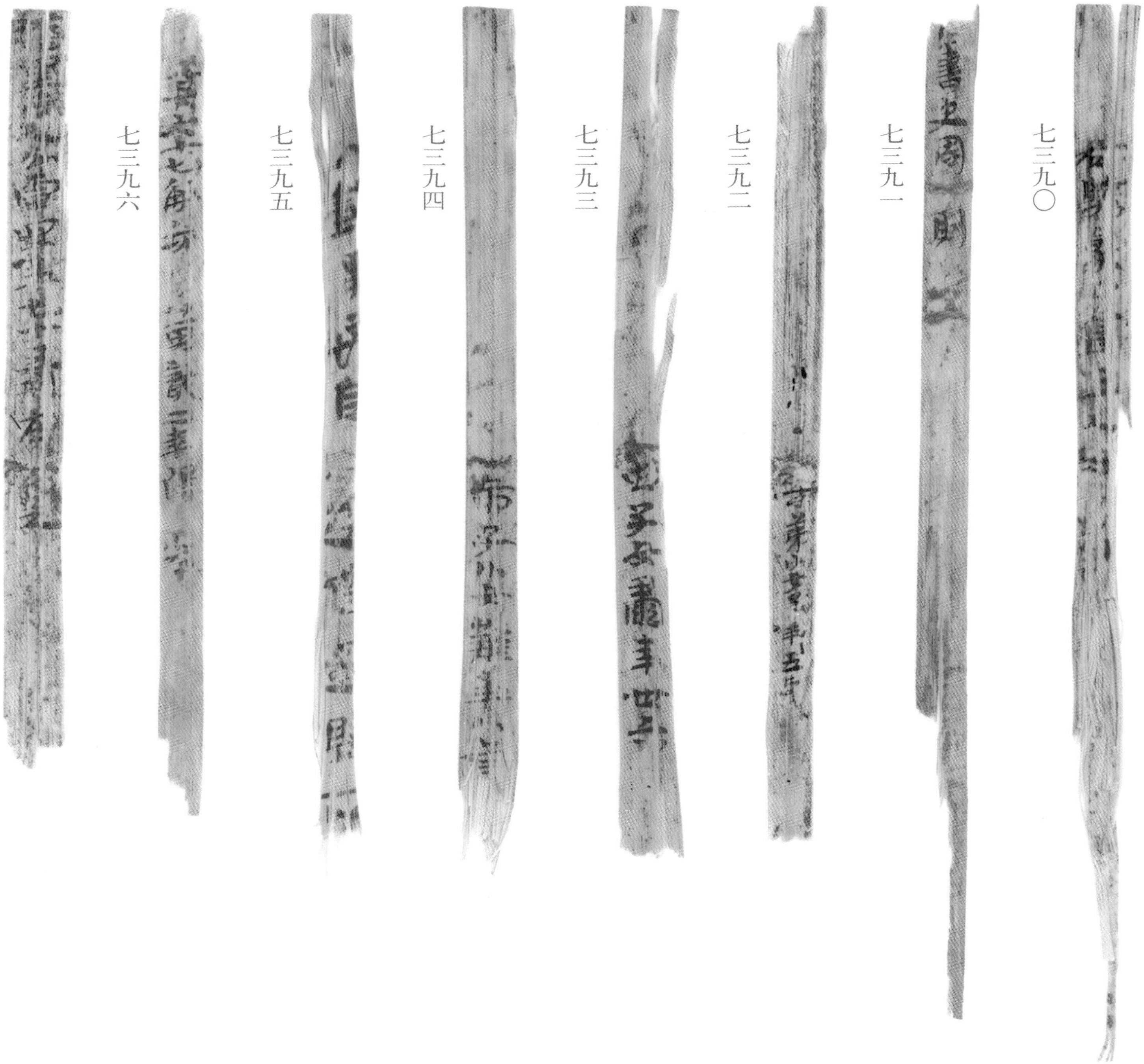

七三九〇

七三九一

七三九二

七三九三

七三九四

七三九五

七三九六

七三九七

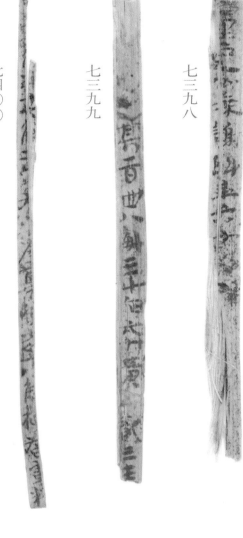

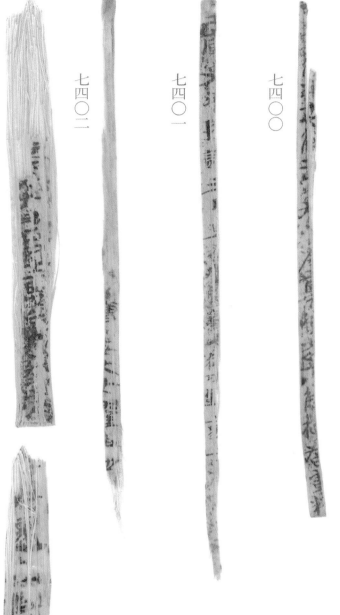

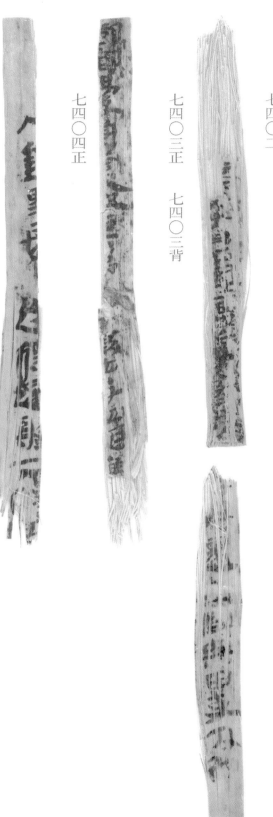

七三九八 七三九九 七四〇〇 七四〇一 七四〇二 七四〇三正 七四〇三背 七四〇四正 七四〇四背

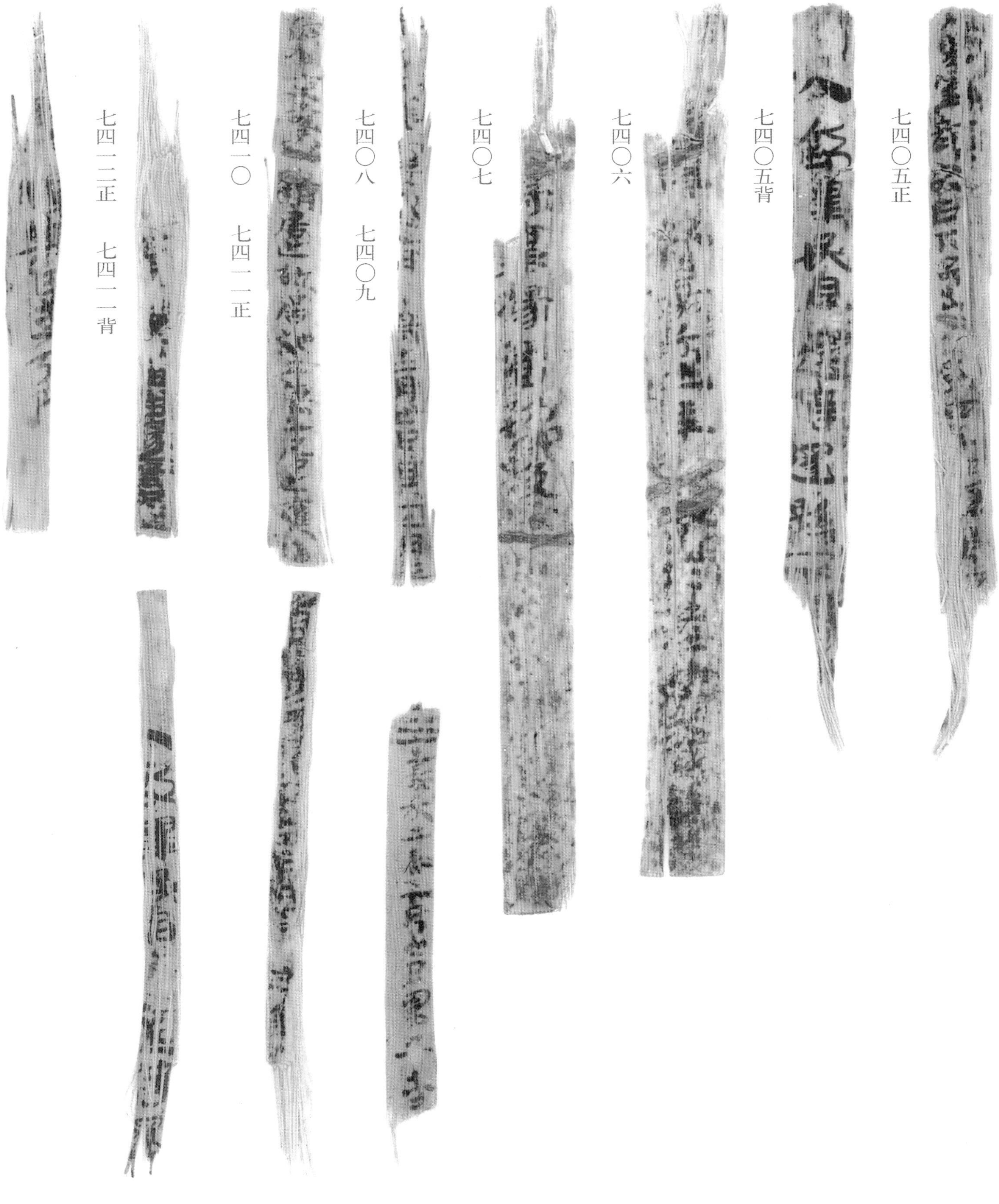

七四〇五正

七四〇五背

七四〇六

七四〇七

七四〇八　七四〇九

七四一〇　七四一一正

七四一二正　七四一一背

七四一二背

七四一三　七四一四

七四一五　七四一六

七四一七　七四一八

七四一九　七四二〇

七四二一　七四二二

七四二三　七四二四

七四二五　七四二六

七四二七　七四二八

七四二九　七四三〇

七四三一　七四三二　七四三三

七四三四　七四三五　七四三六

七四三七　七四三八　七四三九

七四四〇　七四四一　七四四二　七四四七

七四四三　七四四四　七四四五　七四四六

七四四八

七四四九

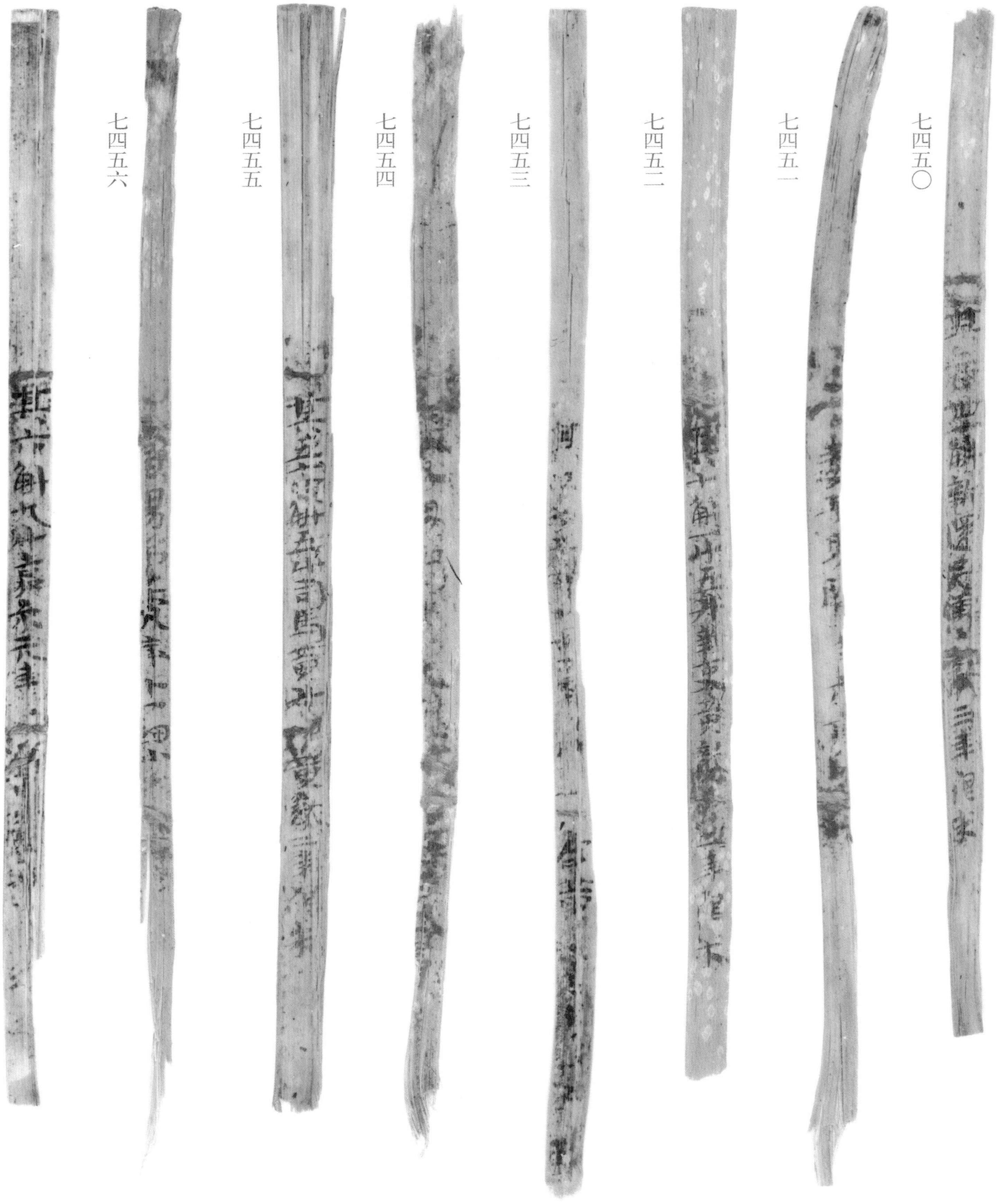

七四五〇
七四五一
七四五二
七四五三
七四五四
七四五五
七四五六
七四五七

七四五八
七四五九
七四六〇
七四六一
七四六二
七四六三
七四六四
七四六五

七四六六

七四六七

七四六八

七四六九

七四七〇

七四七一

七四七二

七四七三

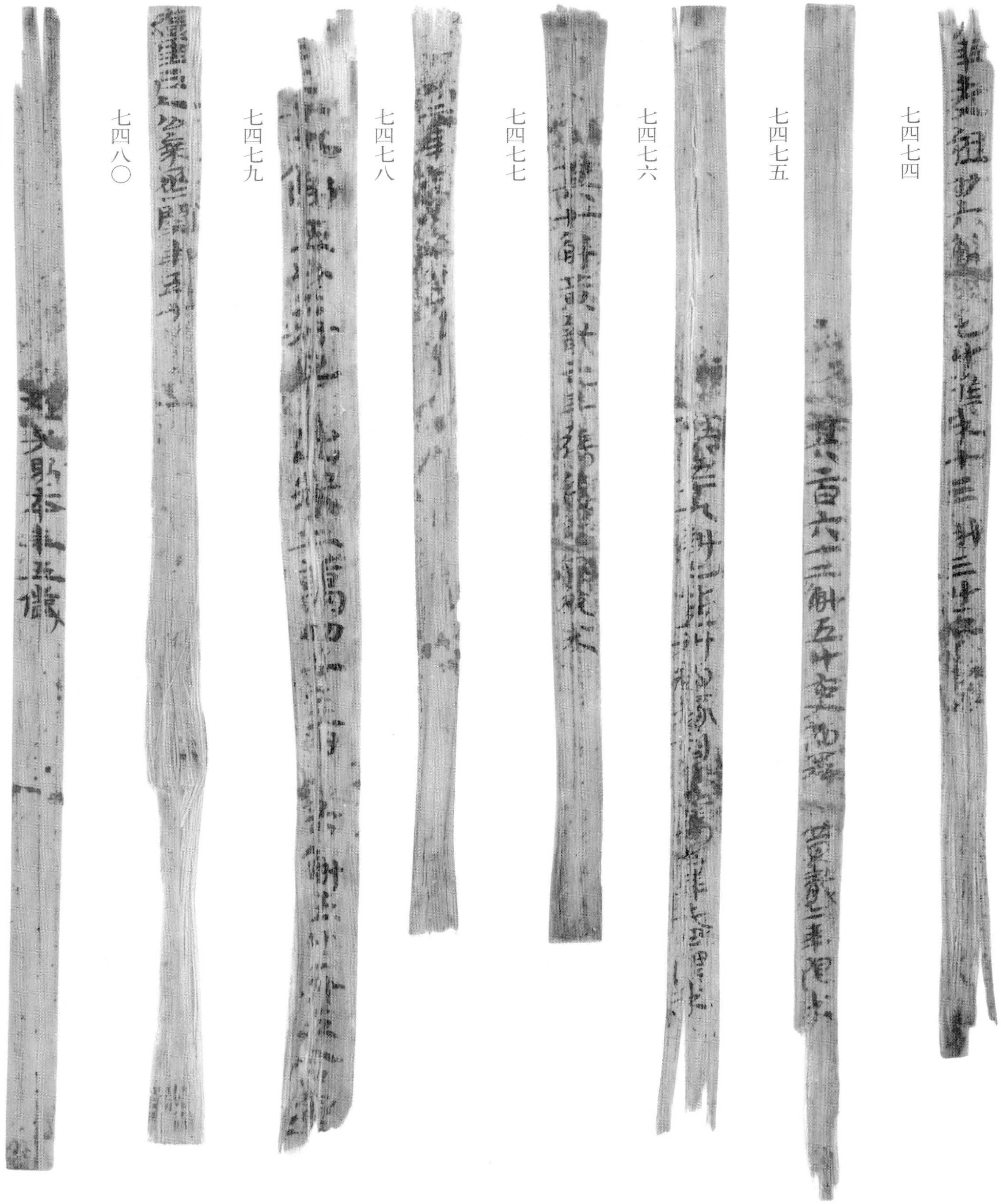

七四七四
七四七五
七四七六
七四七七
七四七八
七四七九
七四八〇
七四八一

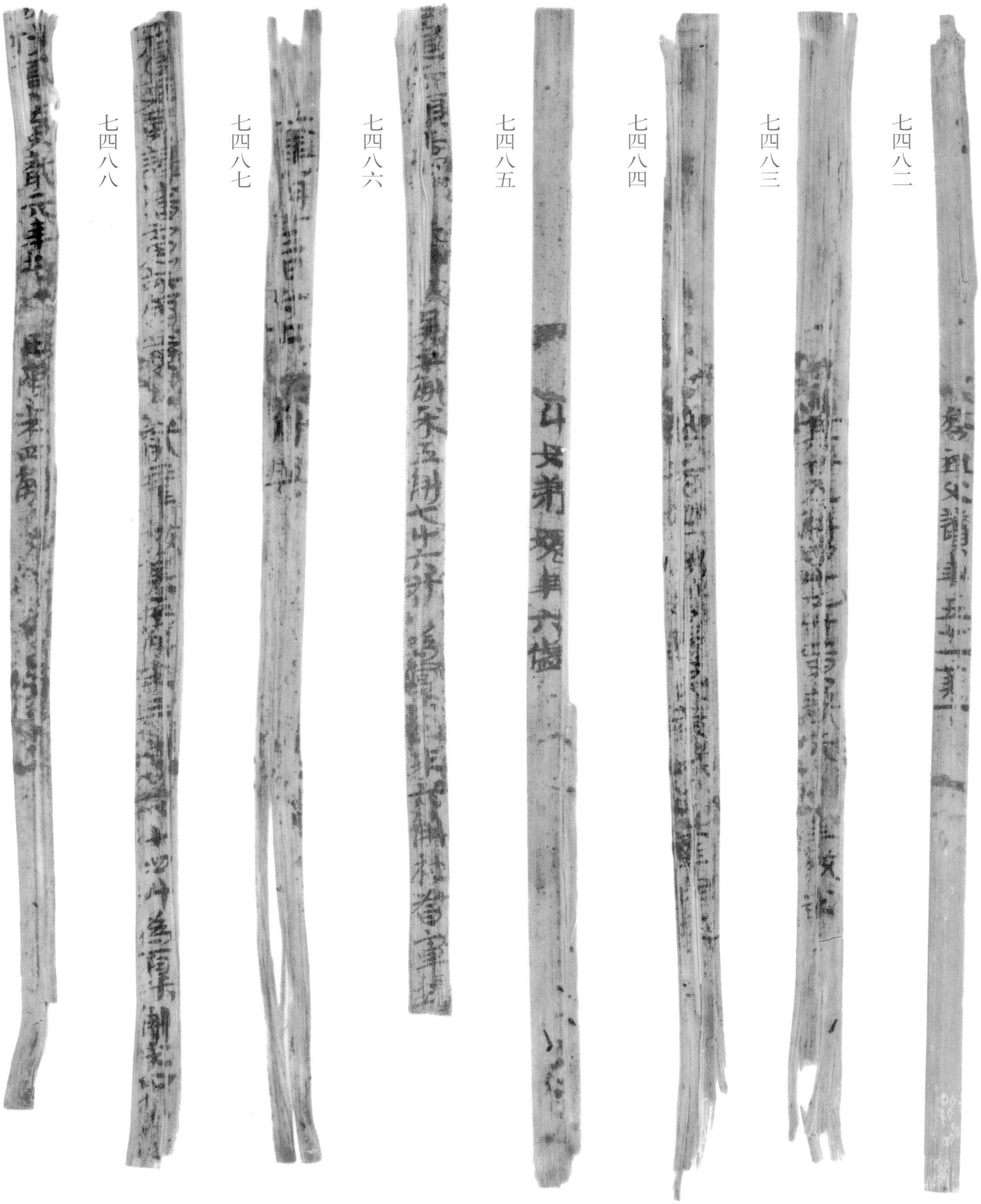

七四八二

七四八三

七四八四

七四八五

七四八六

七四八七

七四八八

七四八九

七四九〇

七四九一

七四九二

七四九三

七四九四

七四九五

七四九六

七四九七

七四九八

七四九九

七五〇〇

七五〇一

七五〇二

七五〇三

七五〇四

七五〇五

七五〇六 七五〇七 七五〇八 七五〇九 七五一〇 七五一一 七五一二 七五一三

七五一四

七五一五

七五一六

七五一七

七五一八

七五一九

七五二〇

七五二一

七五二二

七五二三

七五二四

七五二五

七五二六

七五二七

七五二八

七五二九

七五三〇
七五三一正
七五三一背
七五三二
七五三三
七五三四
七五三五正
七五三五背

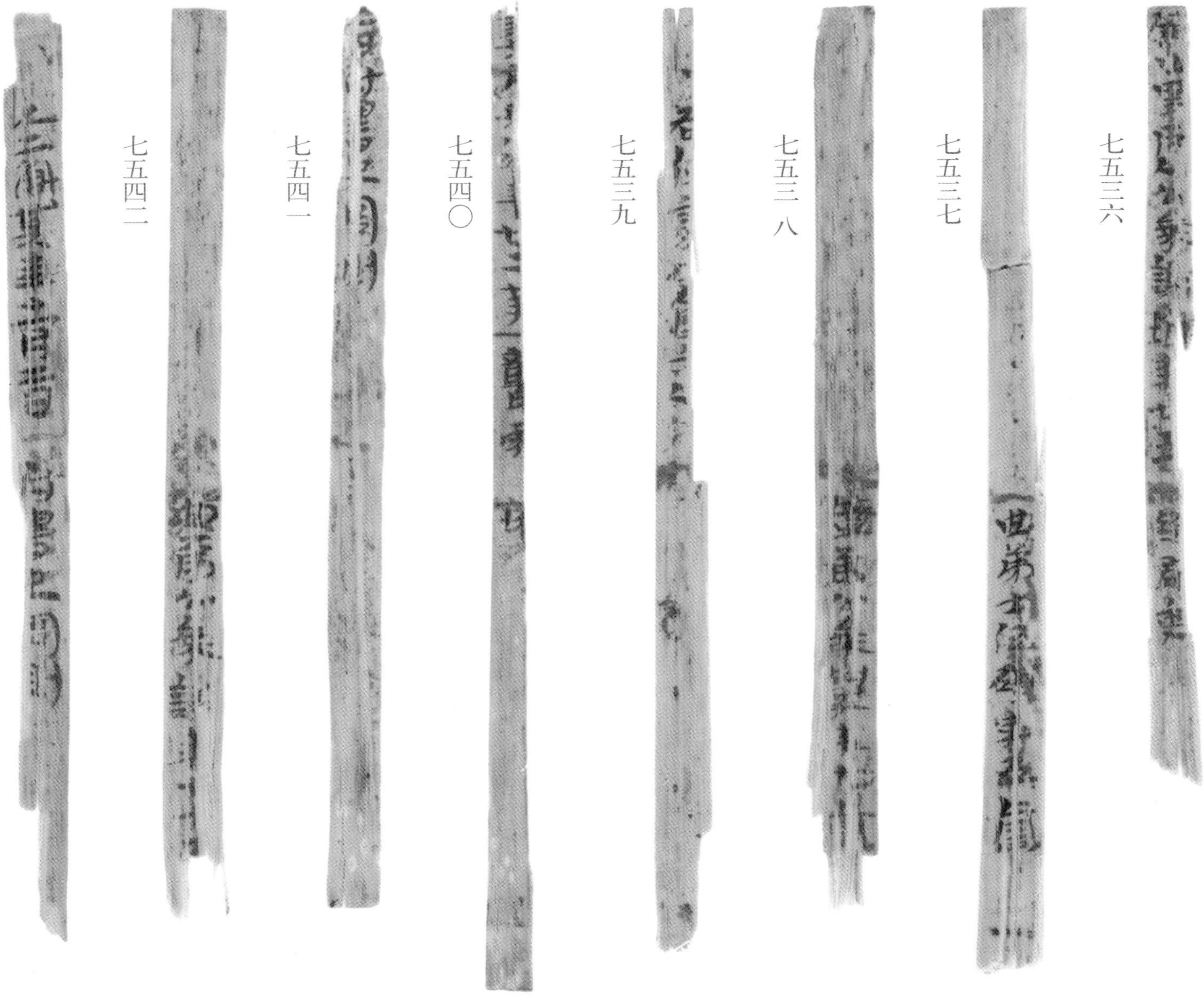

七五三六　七五三七　七五三八　七五三九　七五四〇　七五四一　七五四二　七五四三

七五四四　七五五三

七五四五　七五五〇

七五四六正　七五四七正

七五四六背　七五四七背

七五四八　七五五四

七五四九　七五五五

七五五一　七五五二

七五五六　七五五七　七五五八

七五五九 七五六〇 七五六一 七五六六

七五六二 七五六三 七五六四

七五六五 七五六七 七五六八

七五六九 七五七〇

七五七一 七五七二

七五七三 七五七四

七五七五 七五七六

七五七七 七五七八

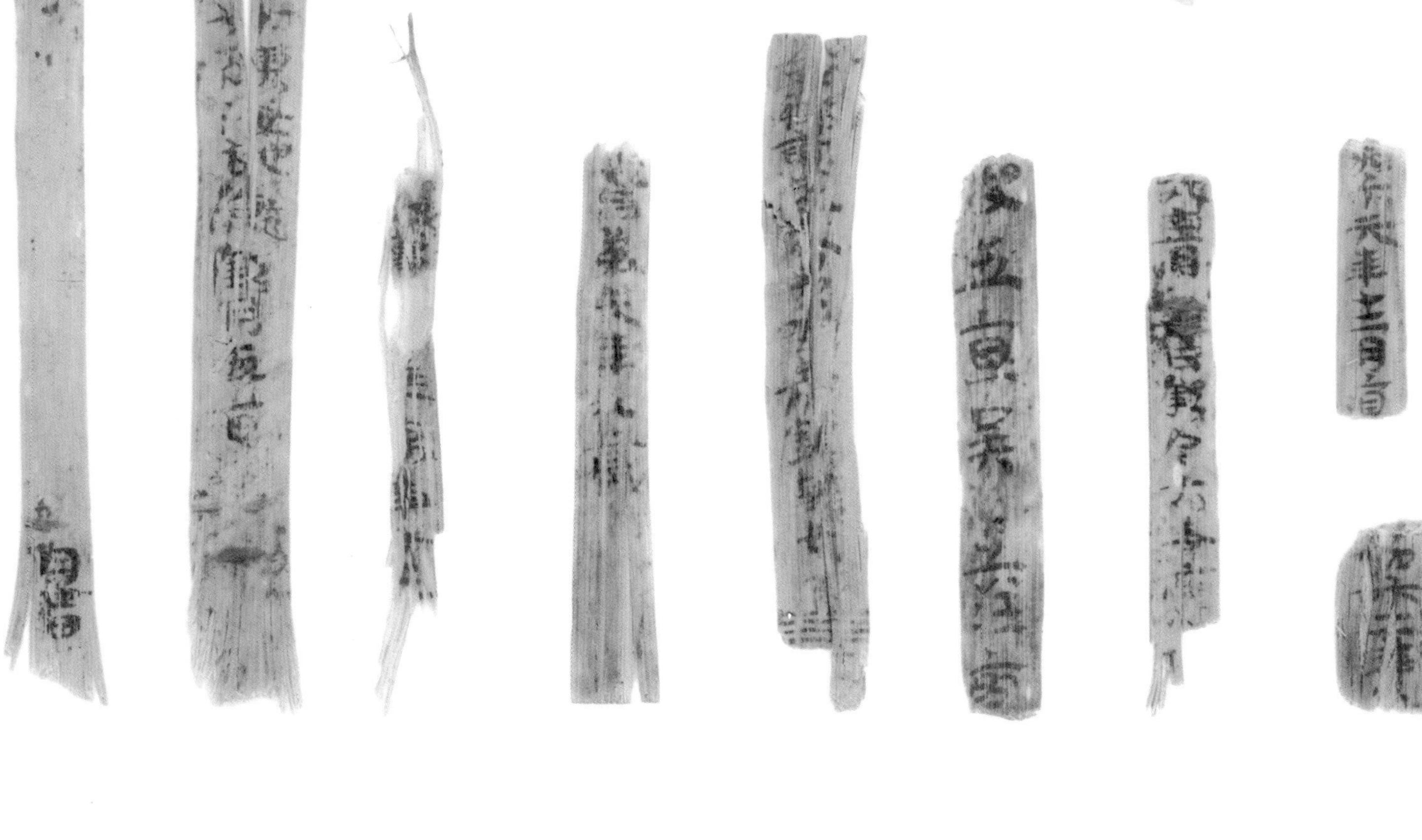

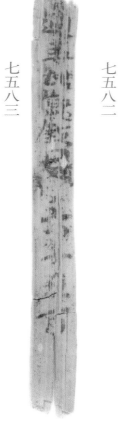

七五七九　七五八〇

七五八一

七五八二

七五八三

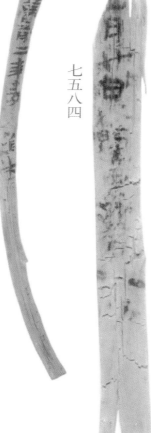

七五八四

七五八五

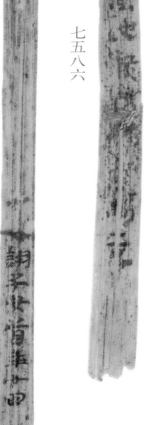

七五八六

七五八七

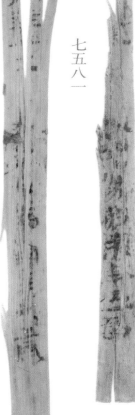

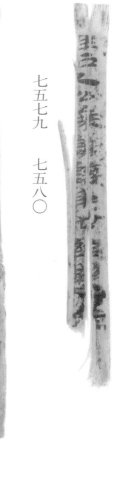

七五八八

七五八九

七五九〇

七五九一

七五九二

七五九三

七五九四

七五九五

七五九六

七五九七

七五九八　七五九九

七六〇〇

七六〇一

七六〇二

七六〇三

七六〇四

七六〇五

七六〇六

七六〇七

七六〇八

七六〇九

七六一〇

七六一一

七六一二

七六一三

七六一四

七六一五

七六一六

七六一七

七六一八

七六一九

七六二〇

七六二一

七六二二

七六二三

七六二四

七六二五

七六二六

七六二七正

七六二七背

七六二八

七六二九

七六三〇

七六三一

七六三二

七六三三

七六三四

七六三五

七六三六

七六三七　七六三八

七六三九　七六四〇

七六四一　七六四二

七六四三　七六四四

七六四五　七六四六

七六四七　七六四八

七六四九　七六五〇

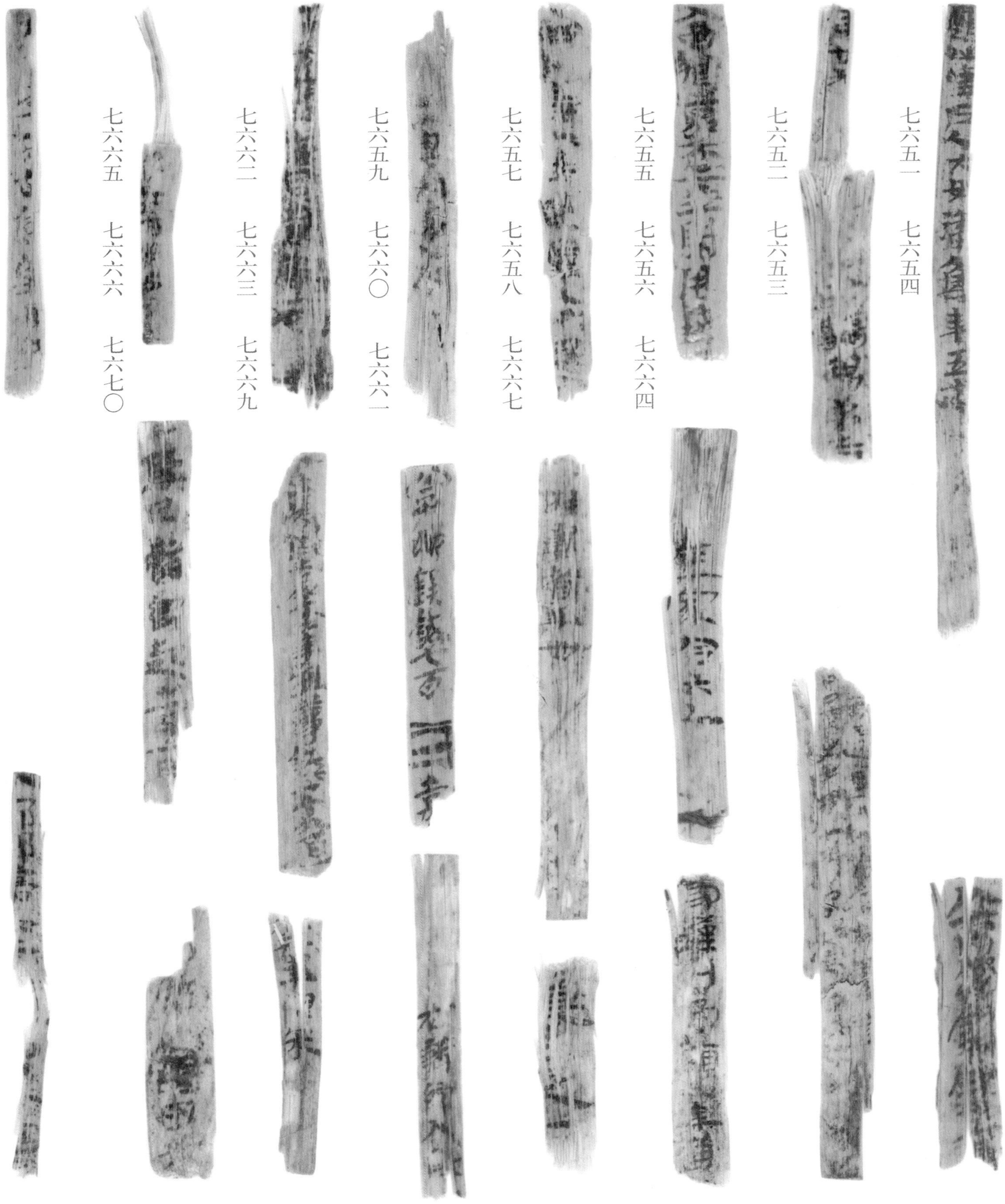

七六五一　七六五四

七六五二　七六五三

七六五五　七六五六　七六六四

七六五七　七六五八　七六六七

七六五九　七六六〇　七六六一

七六六二　七六六三　七六六九

七六六五　七六六六　七六七〇

七六六八　七六七一

七六七二 七六七三 七六七四

七六七五 七六七六 七六七八

七六七七 七六七九

七六八〇 七六八一 七六八二

七六八三 七六八四 七六八五

七六八六 七六八七 七六八八

七六八九 七六九〇 七六九一

七六九二 七六九三 七六九四

七六九五　七六九六　七六九七

七六九八　七六九九　七七〇〇

七七〇一　七七〇二　七七〇三

七七〇四　七七〇五　七七〇六

七七〇七　七七〇八　七七〇九

七七一〇　七七一一　七七一二

七七一三　七七一四　七七一五

七七一六　七七一七

七七一八　七七一九　七七二〇　七七二一

七七二二　七七二三　七七二四　七七二五

七七二六　七七二七　七七二八　七七二九

七七三〇　七七三一　七七三二　七七三三

七七三四　七七三五　七七三六　七七三七

七七三八　七七三九　七七四〇　七七四一

七七四二　七七四三　七七四四　七七四五

七七四六　七七四七　七七四八　七七四九

七七五〇　七七五一　七七五二　七七五三

七七五四正　七七五五　七七五六　七七五七

七七五四背　七七五八　七七五九　七七六〇

七七六一　七七六二　七七六三　七七六四

七七六五　七七六六　七七六七

七七六八

七七六九

七七七〇

七七七一

七七七二

七七七三

七七七四

七七七五

七七七六

七七七七

七七七八

七七七九

七七八〇

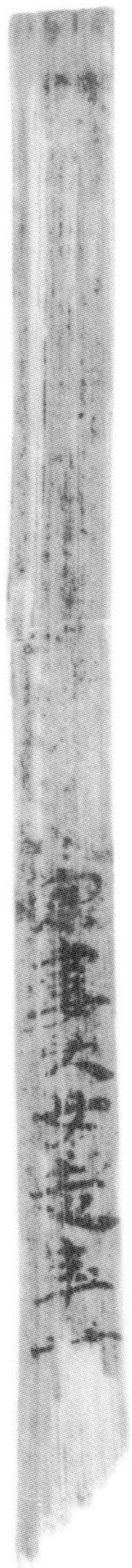

七七八一

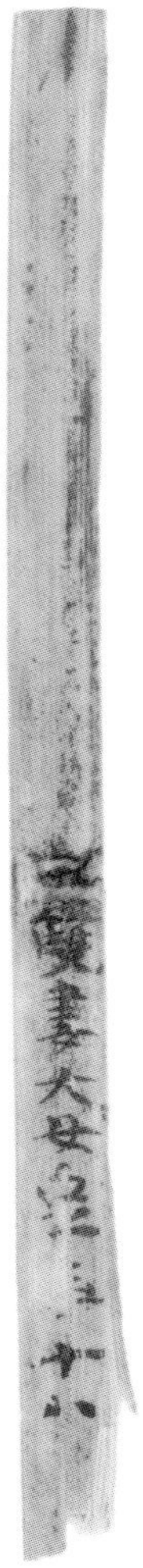

七七八二

七七八三

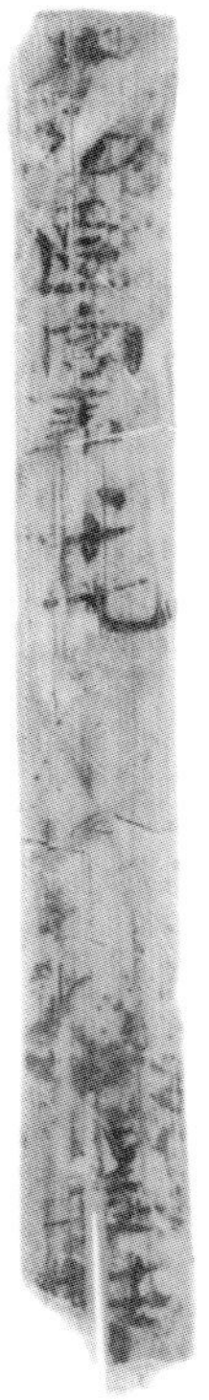

七七八五正

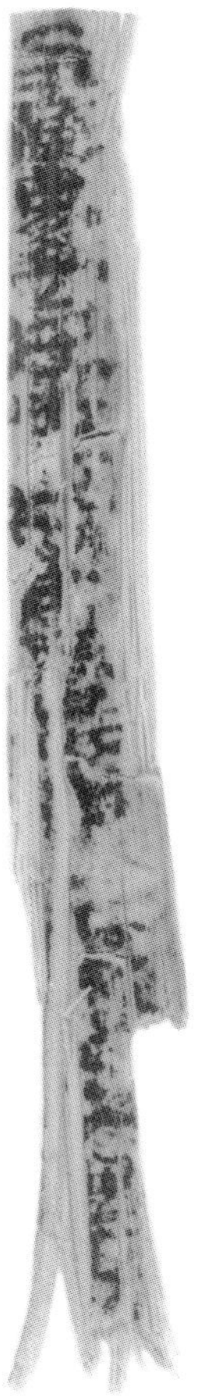

七七八四

七七八五背

七七八六正

七七八六背

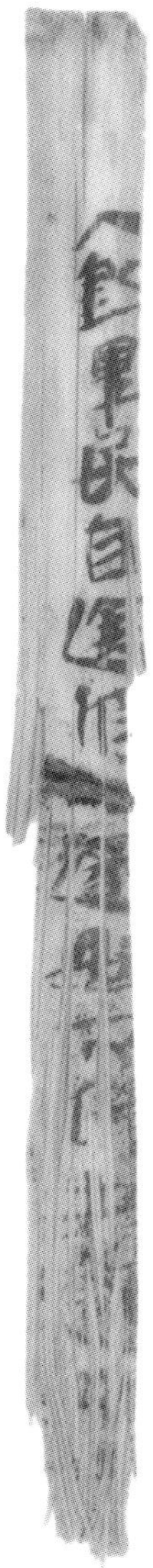

七七八七正　七七九六

七七八七背

七七八八　七七九八

七七八九

七七九〇　七七九一

七七九二　七七九三

七七九四　七七九五

七七九九　七八〇〇

七八〇一　七八〇二

七八〇三　七八〇四

七八〇五　七八〇六

七八〇七　七八〇八

七八〇九　七八一〇

七八一一　七八一二　七八一三

七八一四　七八一五　七八一六

七八一七　七八一八　七八一九

七八二〇　七八二一

七八二二　七八二三　七八二四

七八二五　七八二六　七八二七

七八二八　七八二九　七八三〇

七八三一　七八三二　七八三三

七八三四　七八三五　七八三六

七八三七　七八三八　七八三九　七八四〇

七八四一　七八四二　七八四三　七八四四

七八四五　七八四六　七八四七

七八四八　七八四九　七八五〇

七八五一　七八五二　七八五三　七八五四

七八五五　七八五六　七八五七　七八五八

七八五九　七八六〇　七八六一　七八六二

七八六三　七八六四　七八六五　七八六六

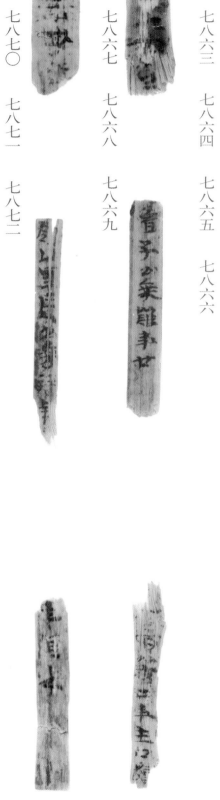

七八六七　七八六八　七八六九

七八七〇　七八七一　七八七二

七八七三　七八七四　七八七五

七八七六　七八七七　七八七八

七八七九　七八八〇　七八八一

七八八二　七八八三　七八八四

七八八五　七八八六　七八九四

七八八八　七八八九

七八九〇　七八九一　七八九二

七八九三　七八八七　七八九五

七八九六　七八九八

七八九九　七九〇二

七八九七　七九〇〇　七九〇三

七九〇一　七九〇四

七九〇五　七九〇六　七九〇九

七九〇七　七九〇八

七九一〇　七九一一

七九一二　七九一三

七九一四

七九一五　七九一六

七九一七

七九一八

七九一九

七九二〇

七九二一

七九二二

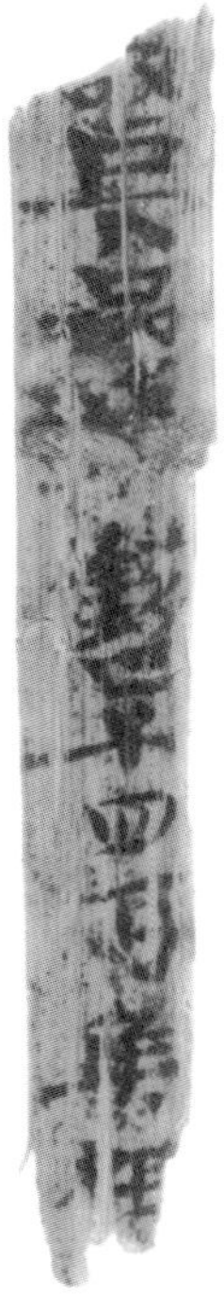
七九二三正　七九二四正

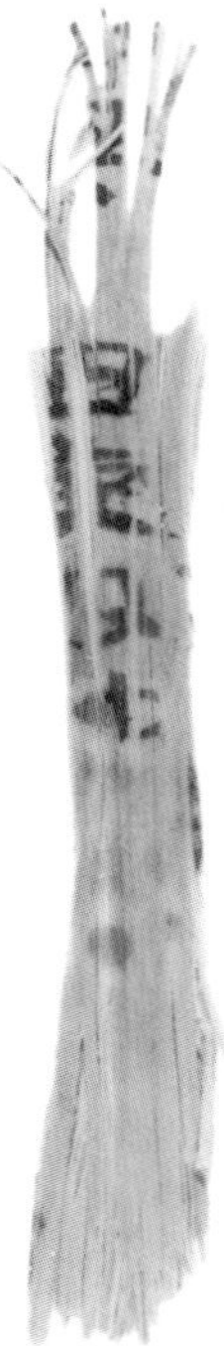

七九二三背　七九二四背

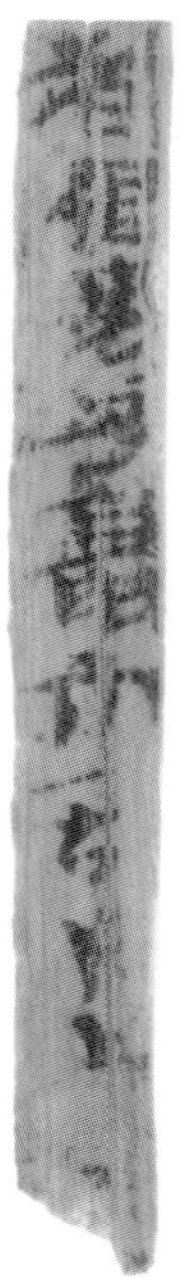
七九二五正　七九二六正

七九二五背　七九二六背

七九二七正　七九二八

七九二七背

七九二九

七九三〇

七九三一

七九三二

七九三三

七九三四

七九三五

七九三六

七九三八

七九三七　七九三九

七九四〇

七九四一

七九四二

七九四三

七九四四

七九四五

七九四六

七九四七

七九四八

七九四九

七九五〇

七九五一

七九五二

七九五三

七九五四

七九五五

七九五六　七九五七　七九五八　七九五九　七九六〇　七九六一　七九六二　七九六三　七九六四

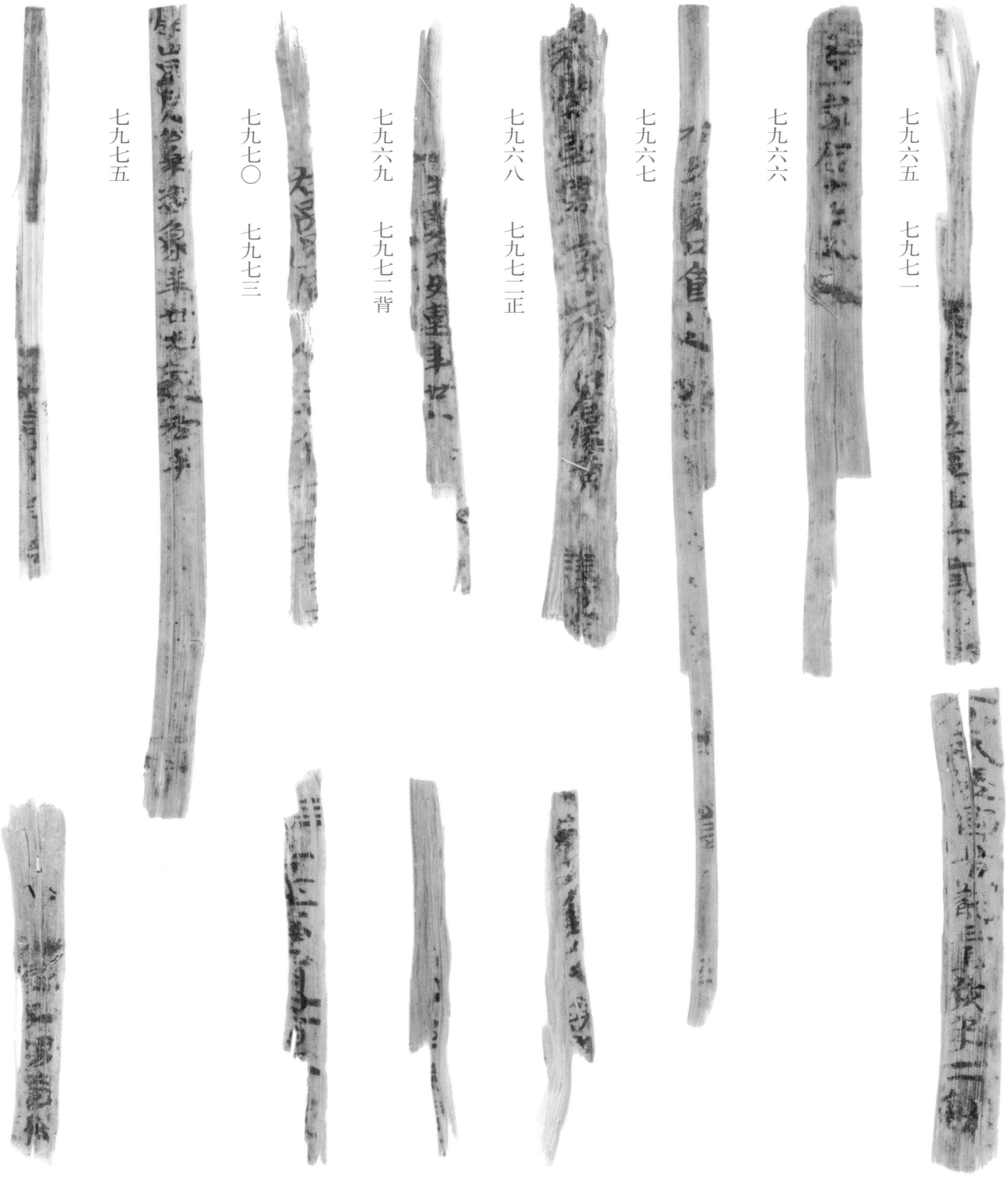

七九六五　七九七一

七九六六

七九六七

七九六八　七九七二正

七九六九　七九七二背

七九七〇　七九七三

七九七五

七九七四　七九七六

七九七七　七九七八

七九七九　七九八〇

七九八一　七九八二

七九八三　七九八四

七九八五　七九八六正

七九八七正　七九八六背

七九八七背　七九八八

七九八九　七九九〇

七九九一　七九九二
七九九三　七九九四　七九九五正
七九九六正　七九九六背　七九九五背
七九九七　七九九八　八〇〇〇正
七九九九　八〇〇〇背
八〇〇二正　八〇〇二背
八〇〇一正　八〇〇三正　八〇〇四正
八〇〇一背　八〇〇三正　八〇〇四背

八〇〇五正　八〇〇六正

八〇〇五背　八〇〇六背

八〇〇七正　八〇〇八

八〇〇七背　八〇〇九

八〇一〇　八〇一一

八〇一二　八〇一三　八〇一七

八〇一五　八〇一六

八〇一四　八〇一八　八〇一九

八〇二〇 八〇二一 八〇二二

八〇二三 八〇二四 八〇二五 八〇二八

八〇二六 八〇二七 八〇二九

八〇三〇 八〇三一 八〇三二 八〇三三

八〇三四 八〇三五 八〇三七

八〇三六 八〇三八 八〇三九 八〇四〇

八〇四一 八〇四二 八〇四三 八〇四四

八〇四五 八〇四六 八〇四七 八〇四八

八〇四九 八〇五〇 八〇五一 八〇五二

八〇五三 八〇五四 八〇五五 八〇五六

八〇五七 八〇五八 八〇五九 八〇六〇

八〇六一 八〇六二 八〇六三

八〇六四 八〇六五 八〇六六 八〇六八 八〇六九

八〇六七正 八〇七〇 八〇七一 八〇七二 八〇七三

八〇六七背 八〇七四 八〇七五 八〇七六 八〇七七

八〇七八 八〇七九 八〇八〇 八〇八一 八〇八二

八〇八三　八〇八四　八〇八五　八〇八六　八〇八七

八〇八八　八〇八九　八〇九〇　八〇九一　八〇九二

八〇九三　八〇九四　八〇九五　八〇九六　八〇九七

八〇九八　八〇九九　八一〇〇　八一〇一　八一〇二

八一〇三　八一〇四　八一〇五　八一〇六　八一〇七正

八一〇八　八一〇九　八一一〇　八一一一　八一〇七背

八一一二　八一一三　八一一四　八一一五　八一一六

八一一七　八一一八　八一一九　八一二〇　八一二一

八一二二　八一二三　八一二四　八一二五　八一二六

八一二七　八一二八　八一二九　八一三〇

八一三一　八一三二　八一三三　八一三四　八一三五

八一三六　八一三七　八一三八　八一三九

八一四〇　八一四一　八一四二　八一四三

八一四四　八一四五　八一四六　八一四七　八一四八

八一四九　八一五〇　八一五一　八一五二

八一五三　八一五四　八一五五　八一五六

八一五七　八一五八　八一五九

八一六〇　八一六一　八一六二

八一六三　八一六四　八一六五　八一六六

八一六七　八一六八　八一六九

八一七〇　八一七一　八一七二

八一七三　八一七四　八一七五

八一七六　八一七七　八一七八

八一七九　八一八〇　八一八一

八一八二　八一八三　八一八四正
八一八五正　八一八六正　八一八四背
八一八五背　八一八六背　八一八七正
八一八八　八一八九　八一八七背
八一九〇　八一九一
八一九二　八一九三
八一九四　八一九五
八一九六

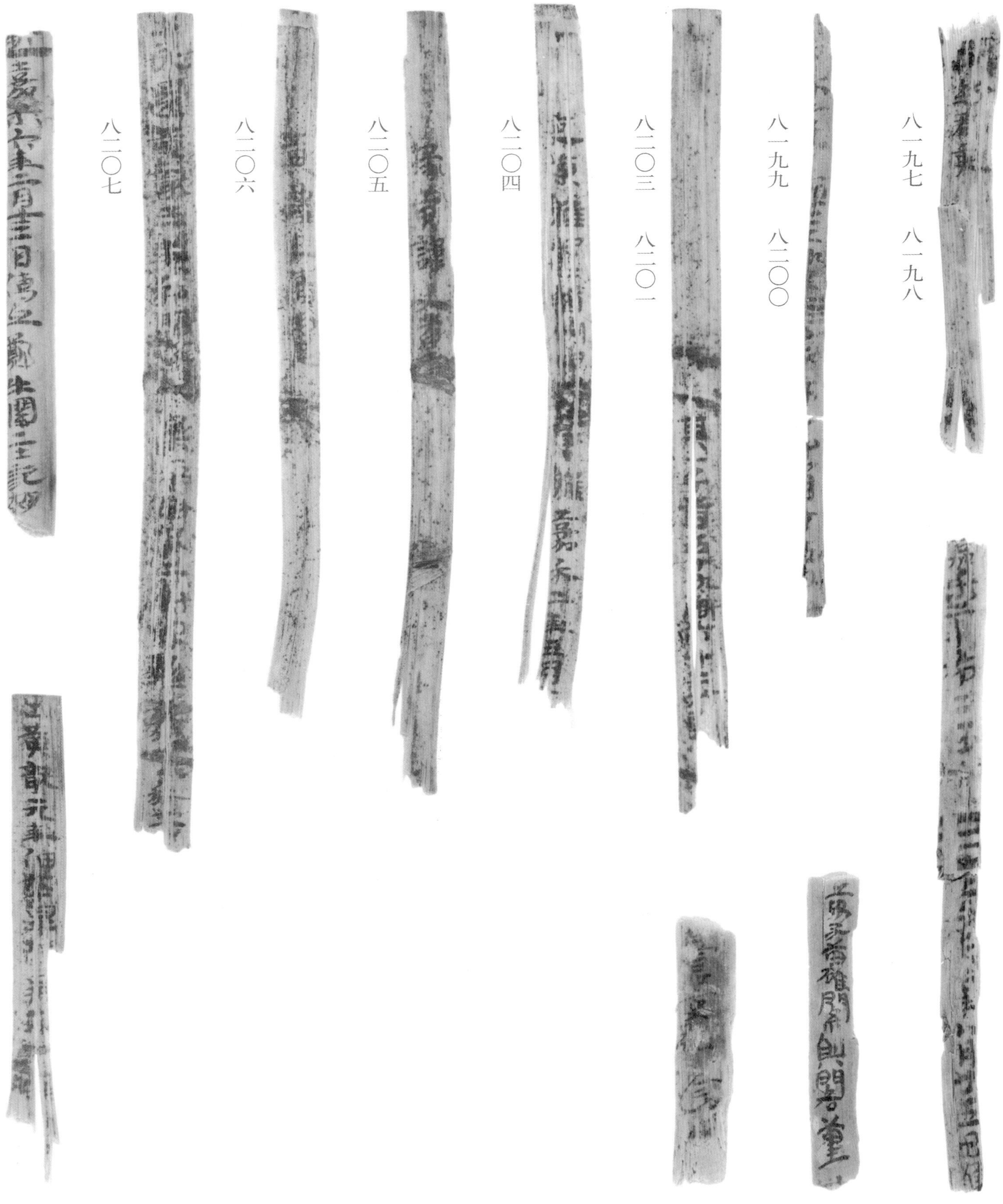

八一九七　八一九八

八一九九　八二〇〇

八二〇三　八二〇一

八二〇四

八二〇五

八二〇六

八二〇七

八二〇二　八二〇八

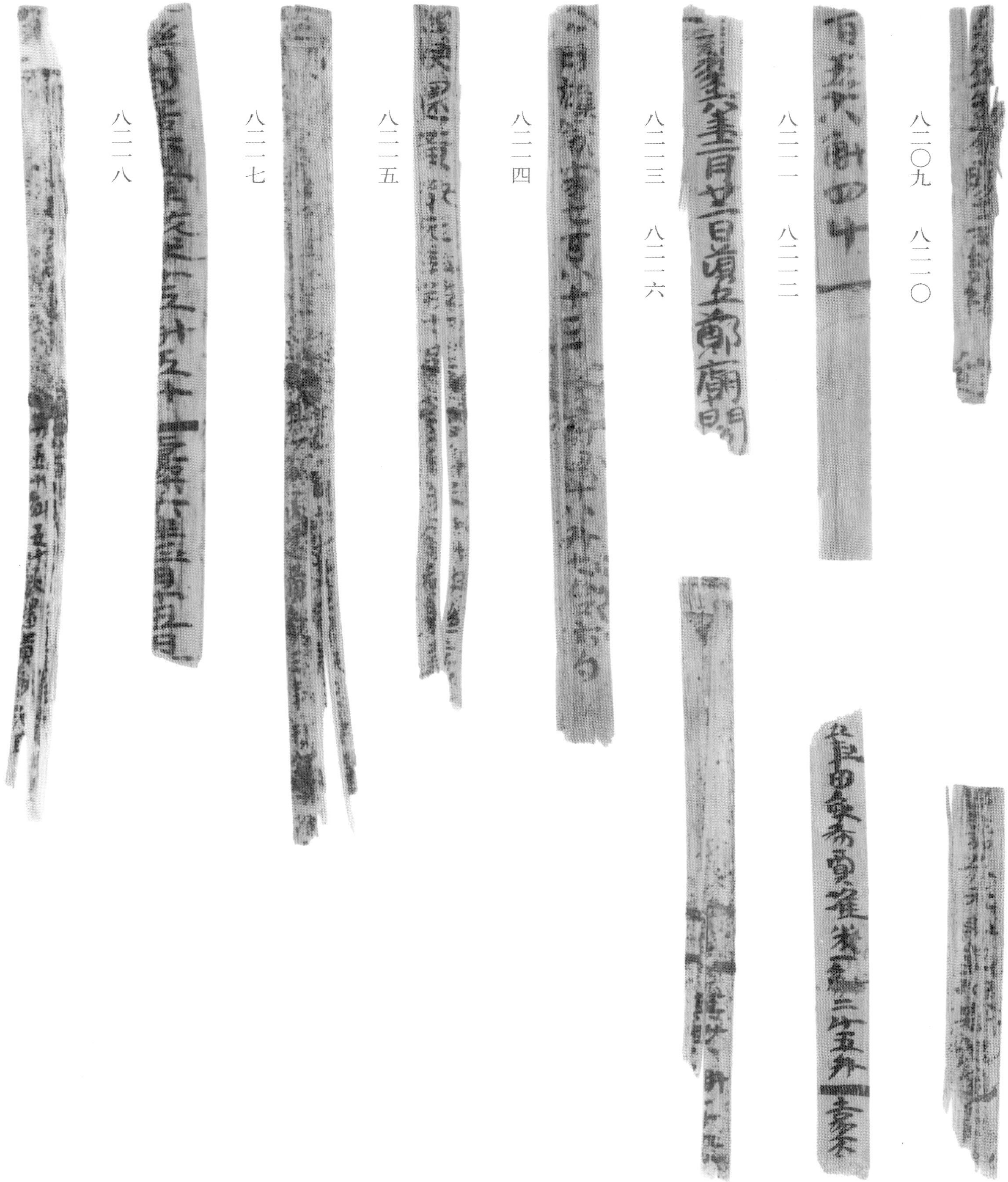

八二〇九　八二一〇

八二一一　八二一二

八二一三　八二一六

八二一四

八二一五

八二一七

八二一八

八二一九

八二二〇
八二二一
八二二二
八二二三
八二二四
八二二五
八二二六
八二二七

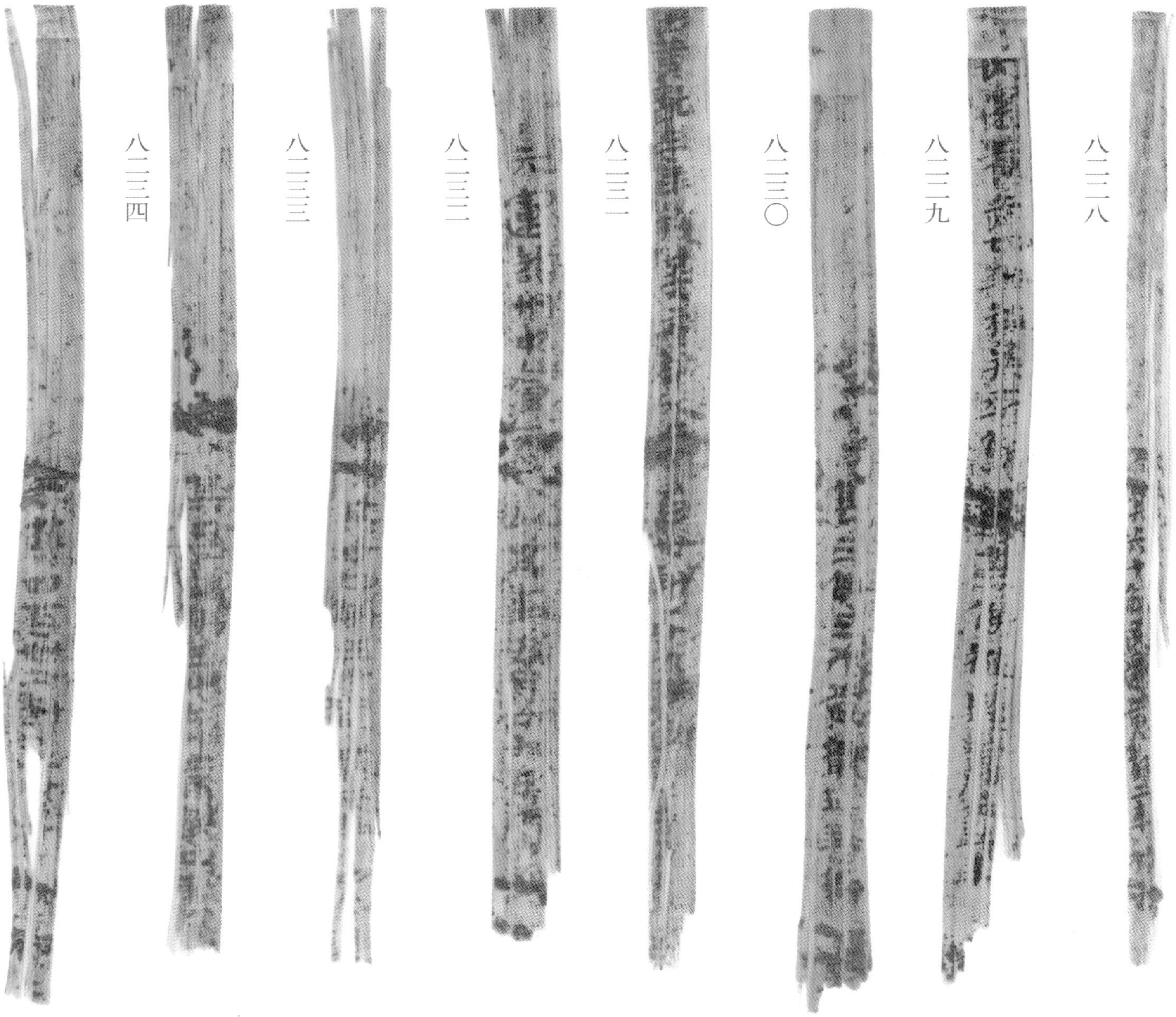

八二二八
八二二九
八二三〇
八二三一
八二三二
八二三三
八二三四
八二三五

八二三六

八二三七

八二三八

八二三九

八二四〇

八二四一

八二四二

八二四三

八二四四

八二四五

八二四六

八二四七

八二四八

八二四九

八二五〇

八二五一

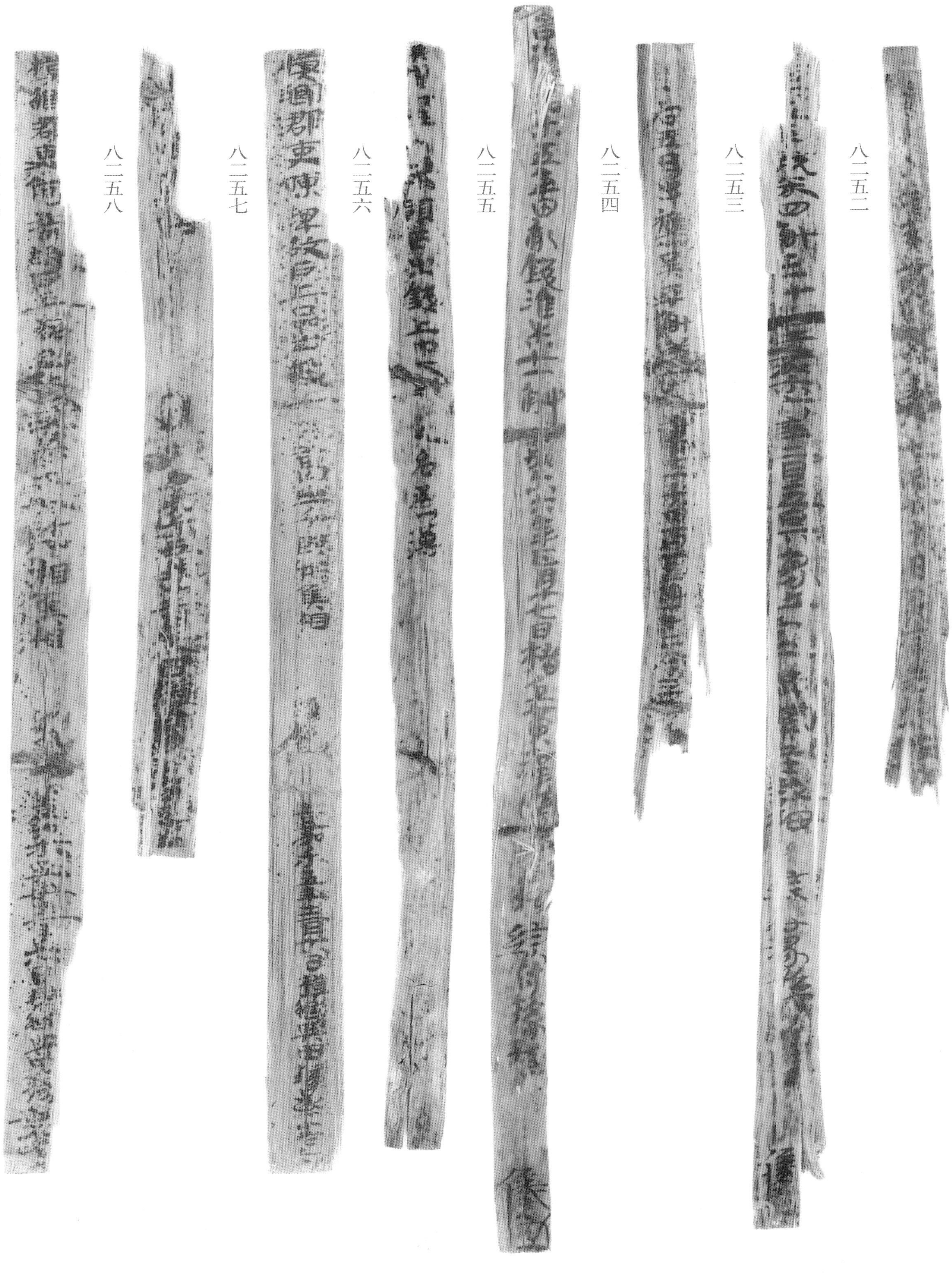

八二五二
八二五三
八二五四
八二五五
八二五六
八二五七
八二五八
八二五九

八二六〇

八二六一

八二六二

八二六三

八二六四

八二六五

八二六六

八二六七

八二六八

八二六九

八二七〇

八二七一

八二七二

八二七三

八二七四

八二七五

八二七六

八二七七

八二七八　八二七九

八二八〇

八二八一

八二八三

八二八四

八二八二　八二八五

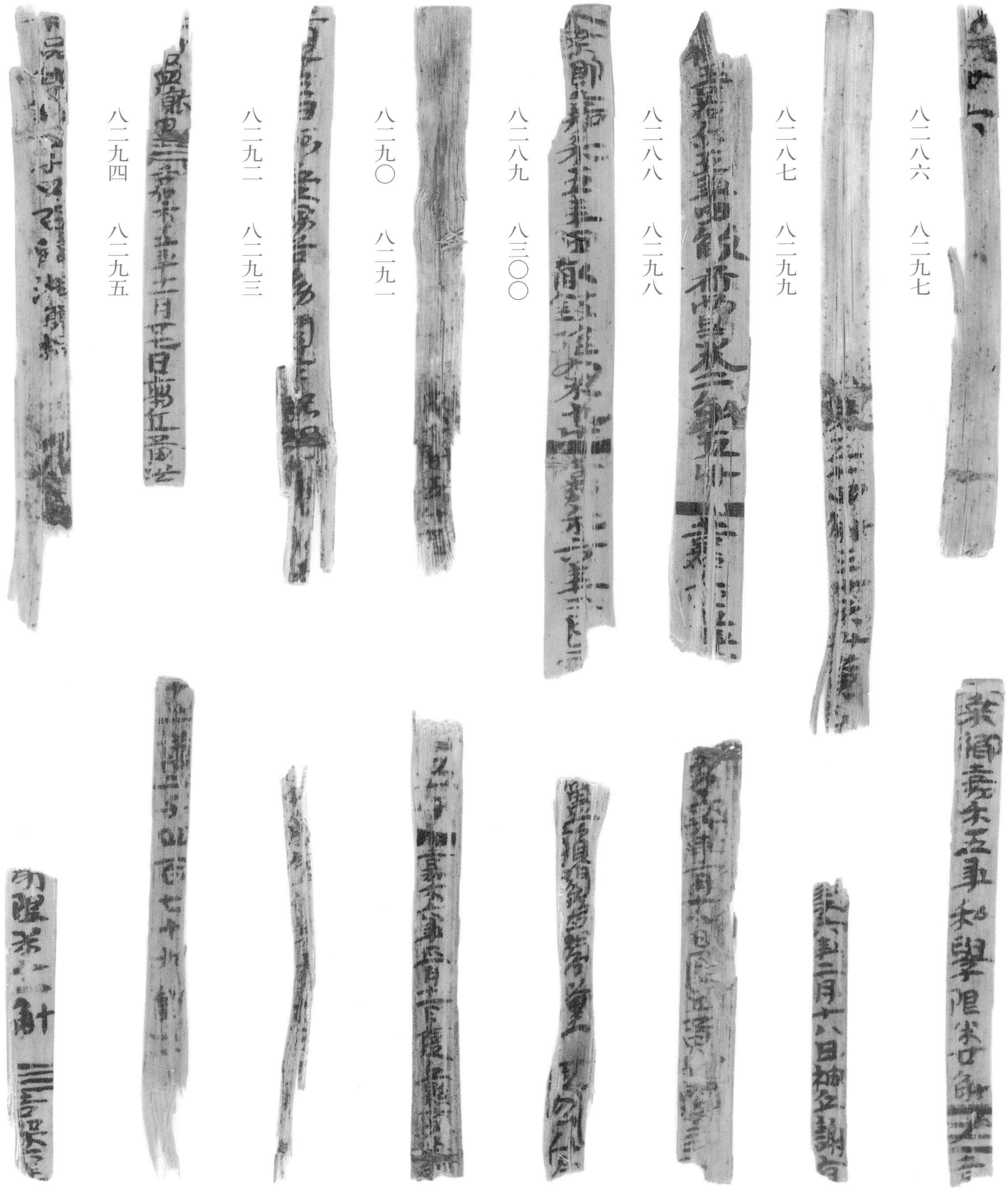

八二八六　八二九七
八二八七　八二九九
八二八八　八二九八
八二八九　八三〇〇
八二九〇　八二九一
八二九二　八二九三
八二九四　八二九五
八二九六　八三〇一

八三〇二　八三〇三　八三〇四

八三〇五　八三〇六　八三〇七

八三〇八　八三〇九　八三一〇　八三一一

八三一二　八三一三　八三一四　八三一五

八三一六　八三一七　八三一八　八三一九

八三二〇　八三二一　八三二二　八三二三

八三二四　八三二五　八三二六　八三二七

八三二八　八三二九　八三三〇

八三三一　八三三二　八三三四

八三三三　八三三五

八三三六　八三三七　八三三八

八三三九　八三四〇

八三四一　八三四二

八三四三　八三四四

八三四五

八三四六

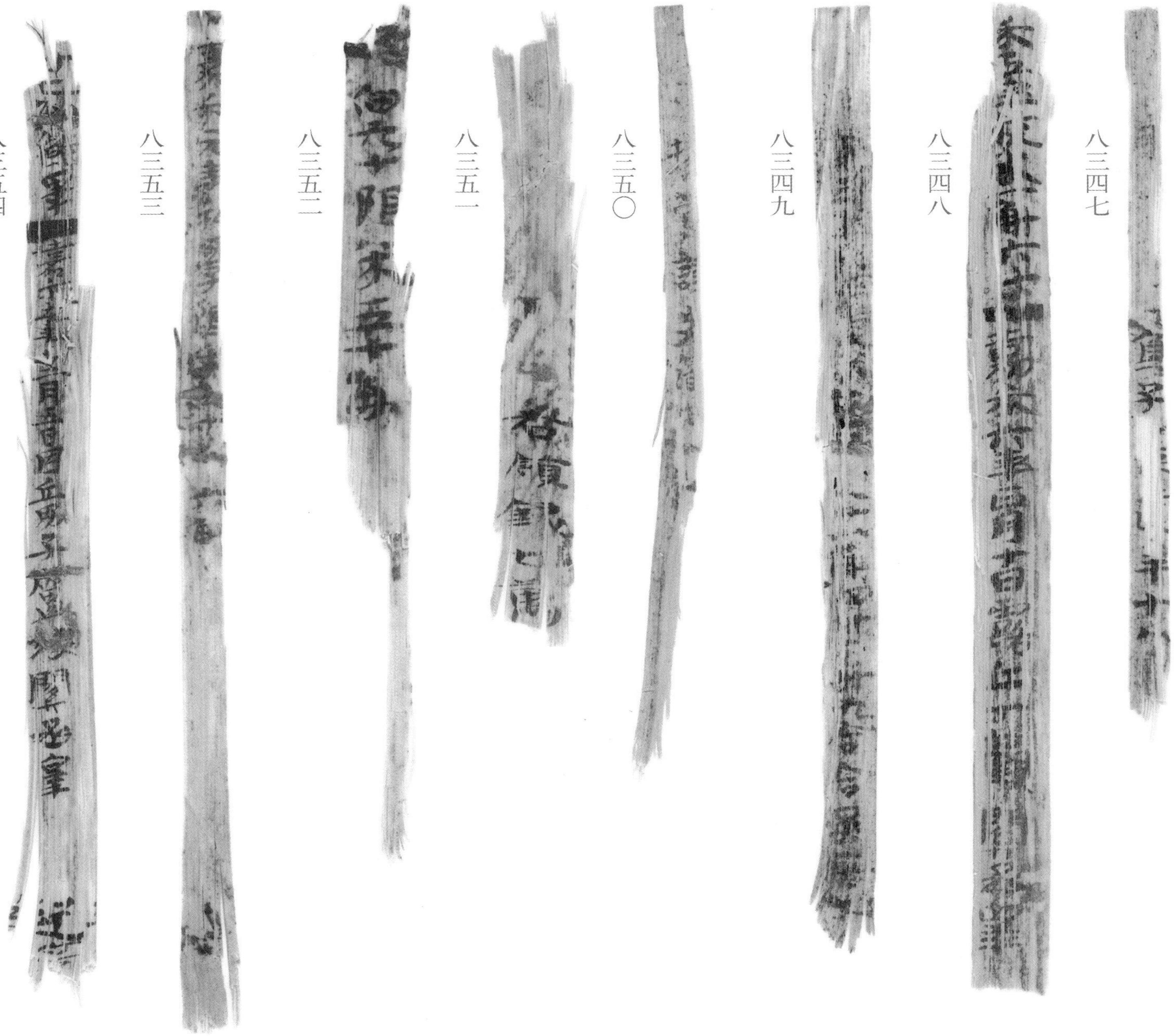

八三四七 八三四八 八三四九 八三五〇 八三五一 八三五二 八三五三 八三五四

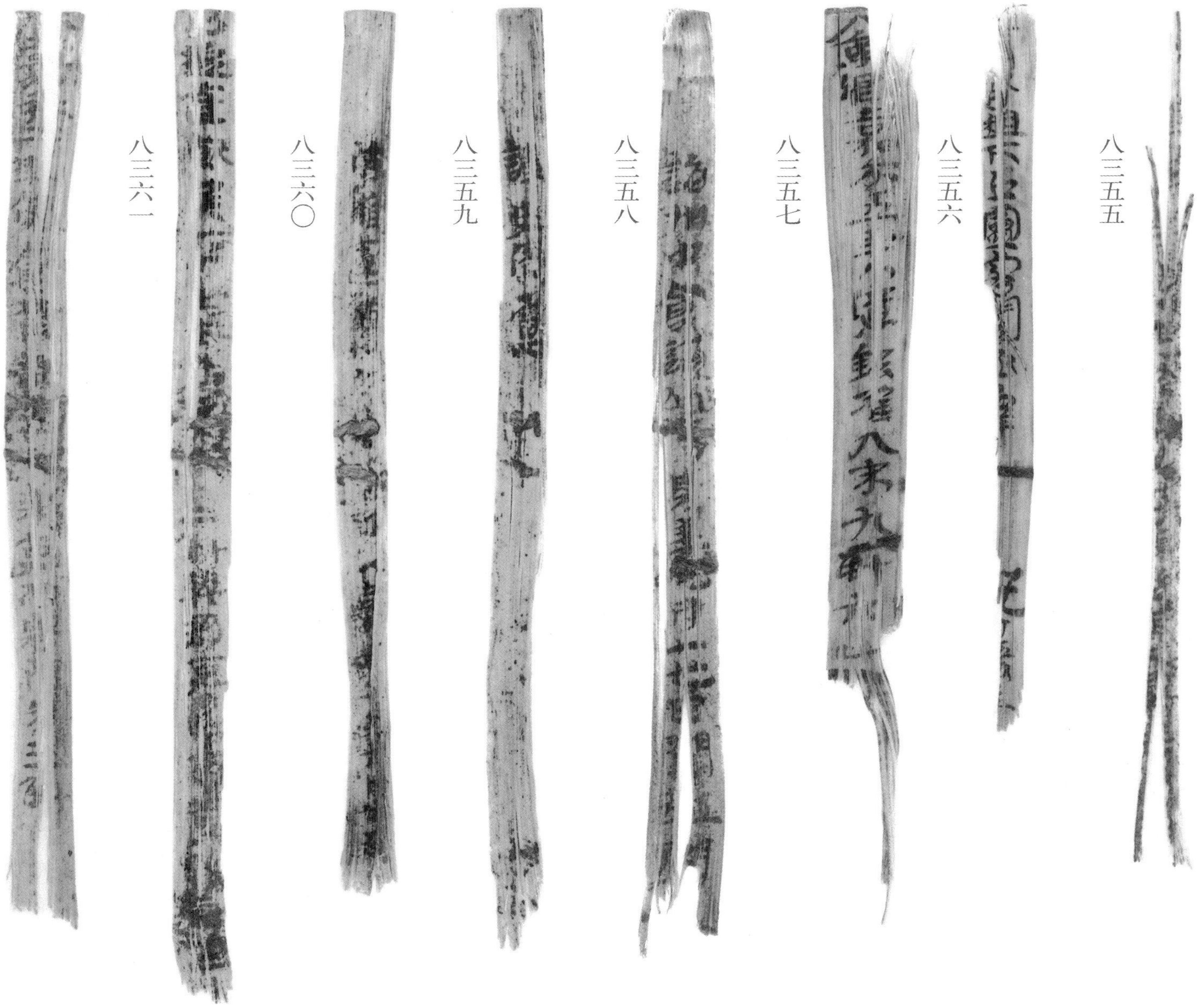

八三五五

八三五六

八三五七

八三五八

八三五九

八三六〇

八三六一

八三六二

八三六三

八三六四

八三六五

八三六六

八三六七

八三六八

八三六九

八三七〇

八三七一

八三七二

八三七三

八三七四

八三七五

八三七六

八三七七

八三七八

八三七九
八三八〇
八三八一
八三八二
八三八三
八三八四
八三八五
八三八六

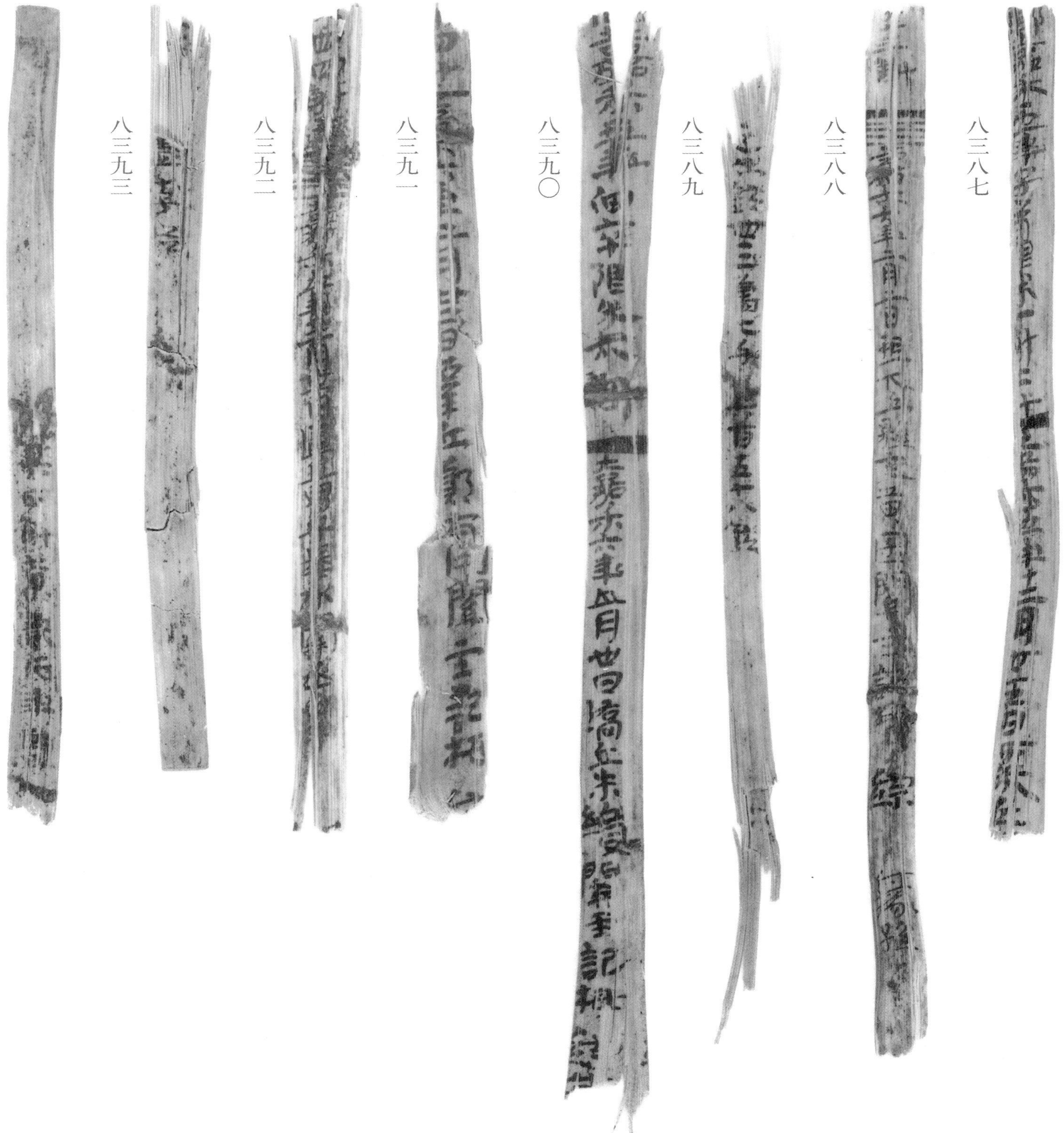

八三八七

八三八八

八三八九

八三九〇

八三九一

八三九二

八三九三

八三九四

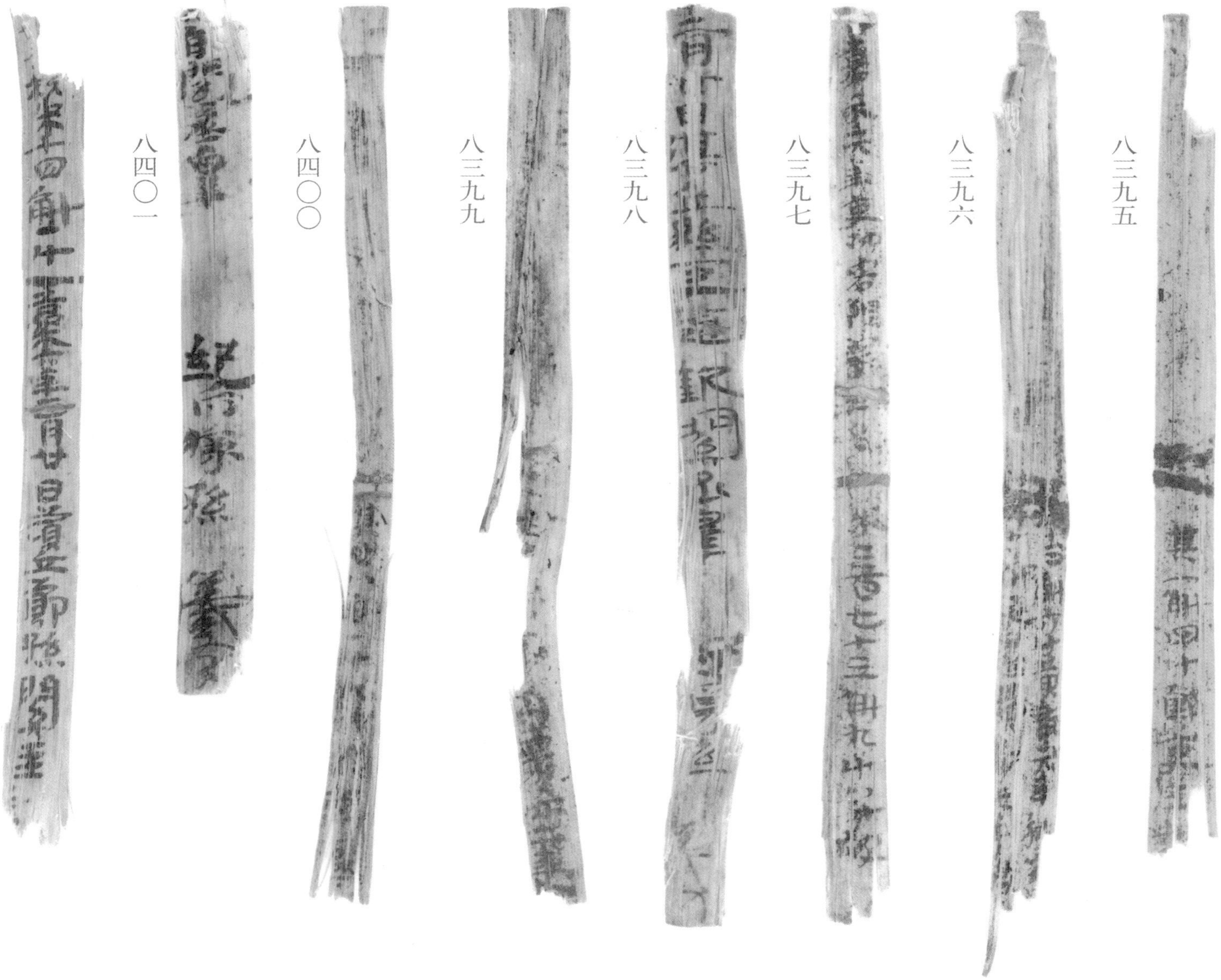

八三九五 八三九六 八三九七 八三九八 八三九九 八四〇〇 八四〇一 八四〇二

八四〇三

八四〇四

八四〇五

八四〇六

八四〇七

八四〇八

八四〇九

八四一〇

八四一一

八四一二

八四一三

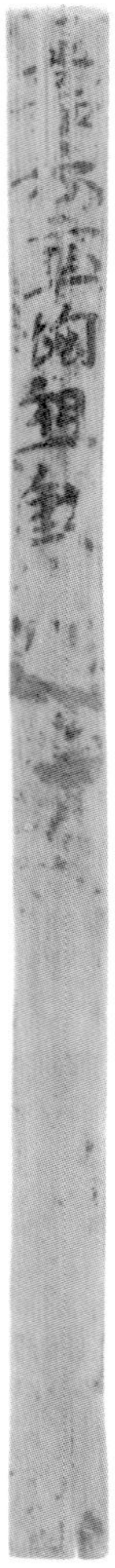

八四一四　八四一六

八四一五

八四一七

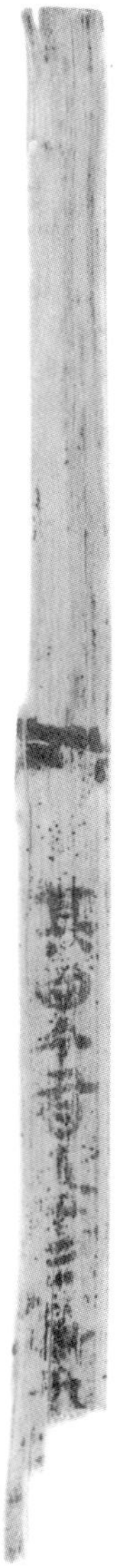

八四一八

八四一九　八四二〇

八四二一　八四二二
八四二三　八四二四
八四二五　八四二八
八四二六　八四三二
八四二七　八四三三
八四二九　八四三〇
八四三一　八四三四
八四三五　八四三六

八四三七　八四三八

八四三九　八四四〇

八四四一　八四四二　八四四三

八四四四　八四四五　八四四六

八四四七　八四四八　八四四九

八四五〇　八四五一　八四五二　八四五三

八四五四　八四五五　八四五六

八四五七　八四五八　八四五九　八四六〇

八四六一 八四六二 八四六三 八四六四
八四六五 八四六六 八四六七 八四六八
八四六九 八四七〇 八四七一 八四七二
八四七三 八四七四 八四七五 八四七六
八四七七 八四七八 八四七九 八四八〇
八四八一 八四八二 八四八三 八四八四
八四八五 八四八六 八四八七 八四八八
八四八九 八四九〇 八四九一

八四九二　八四九三　八四九四

八四九五　八四九六　八四九七

八四九八　八四九九　八五〇〇

八五〇一　八五〇二　八五〇三

八五〇四　八五〇五　八五〇六

八五〇七　八五〇八　八五〇九

八五一〇　八五一一　八五一二　八五一三

八五一四　八五一五　八五一六

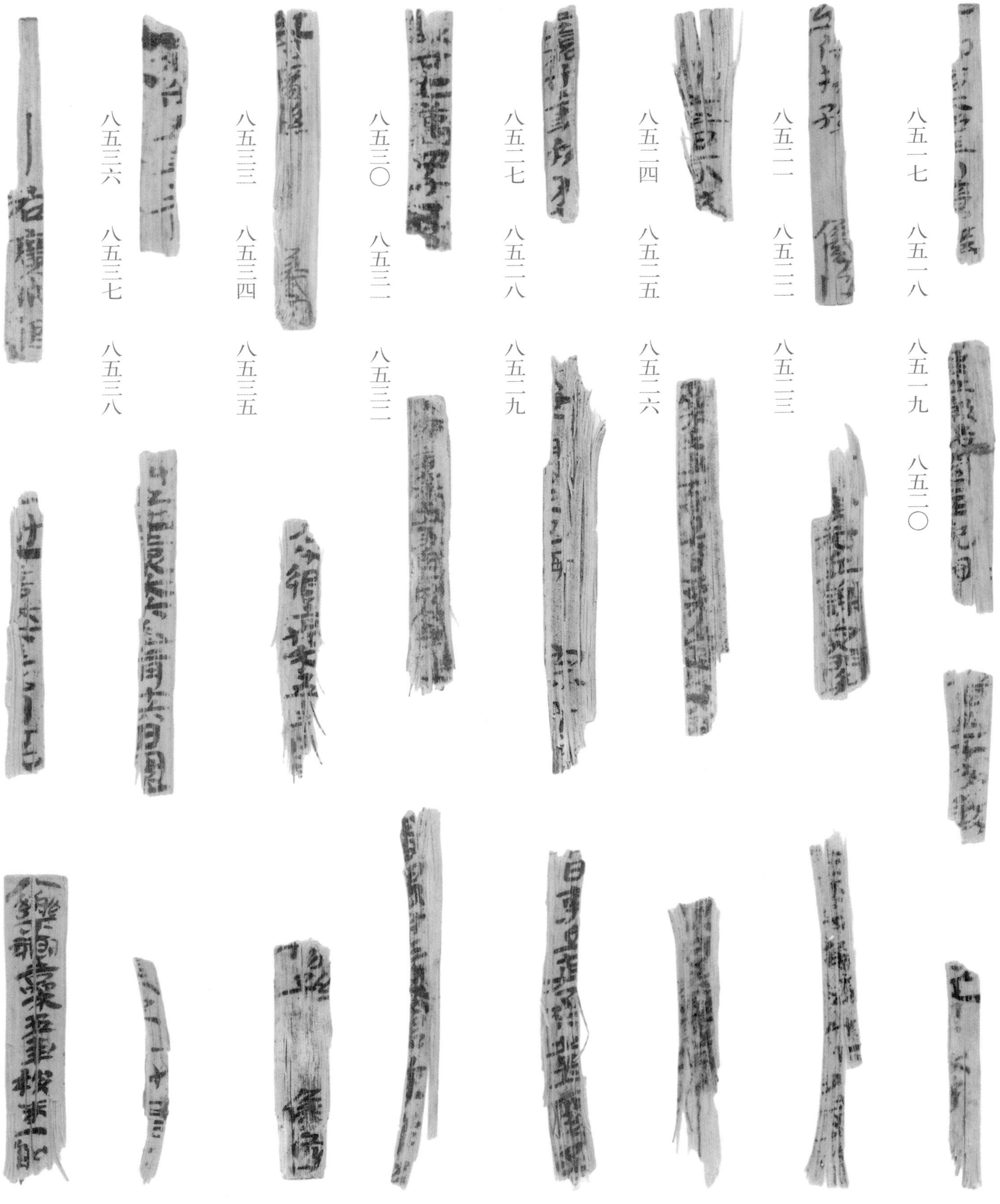

八五一七　八五一八　八五一九　八五二〇
八五二一　八五二二　八五二三
八五二四　八五二五　八五二六
八五二七　八五二八　八五二九
八五三〇　八五三一　八五三二
八五三三　八五三四　八五三五
八五三六　八五三七　八五三八
八五三九　八五四〇　八五四一

八五四二　八五四三　八五四四

八五四五　八五四六　八五四七　八五四八

八五四九　八五五〇　八五五一

八五五二　八五五四

八五五五　八五五七

八五五六　八五五八

八五五三　八五五九　八五六〇

八五六一　八五六二

八五六三　八五六四
八五六五　八五六六
八五六七　八五六八
八五六九　八五七〇
八五七一　八五七二
八五七三
八五七四
八五七五

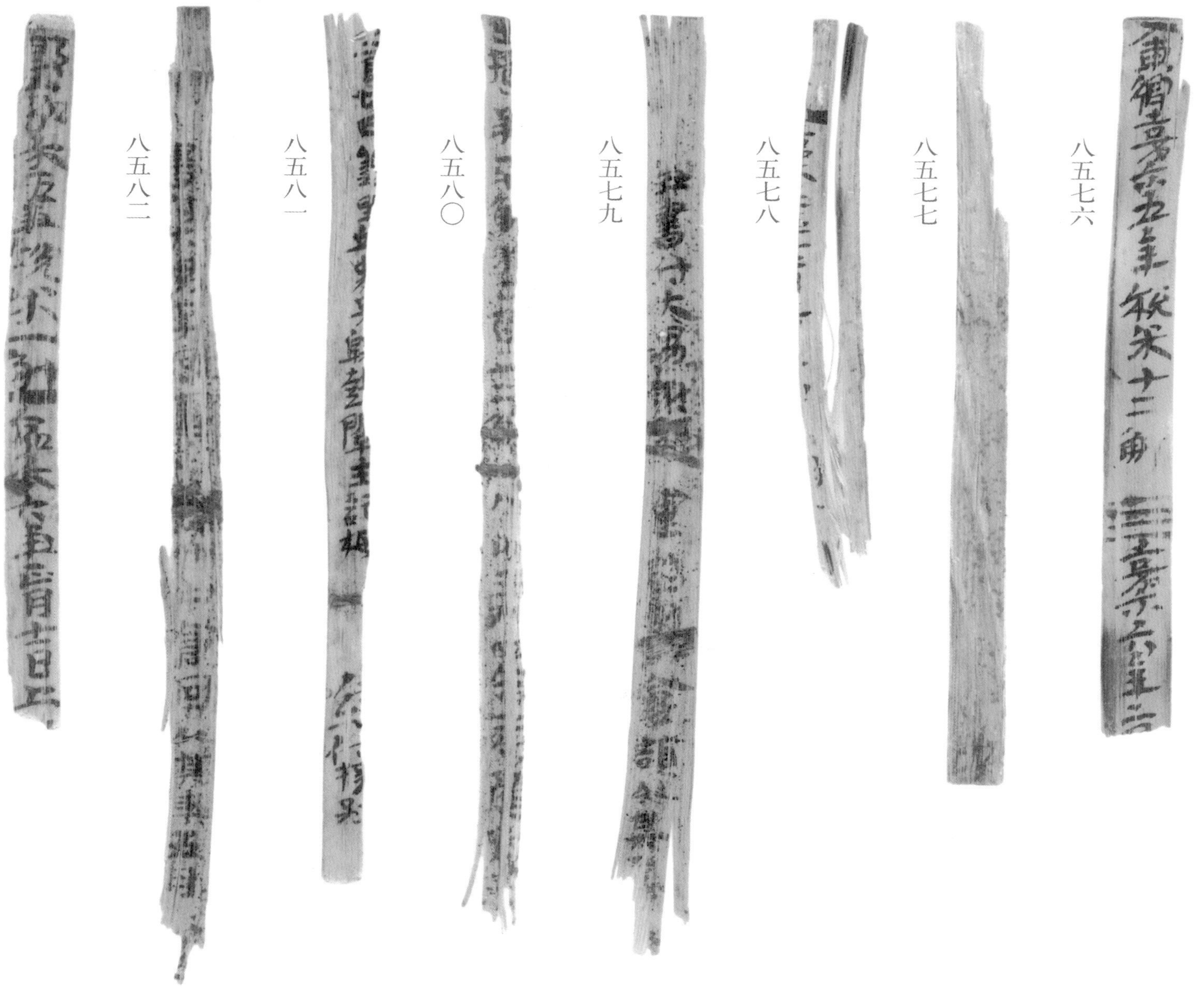

八五七六

八五七七

八五七八

八五七九

八五八〇

八五八一

八五八二

八五八三

八五八四

八五八五

八五八六　八五八七

八五八八

八五八九

八五九〇

八五九一

八五九二

八五九三　八五九六
八五九四
八五九五
八五九七
八五九八
八五九九
八六〇〇
八六〇一

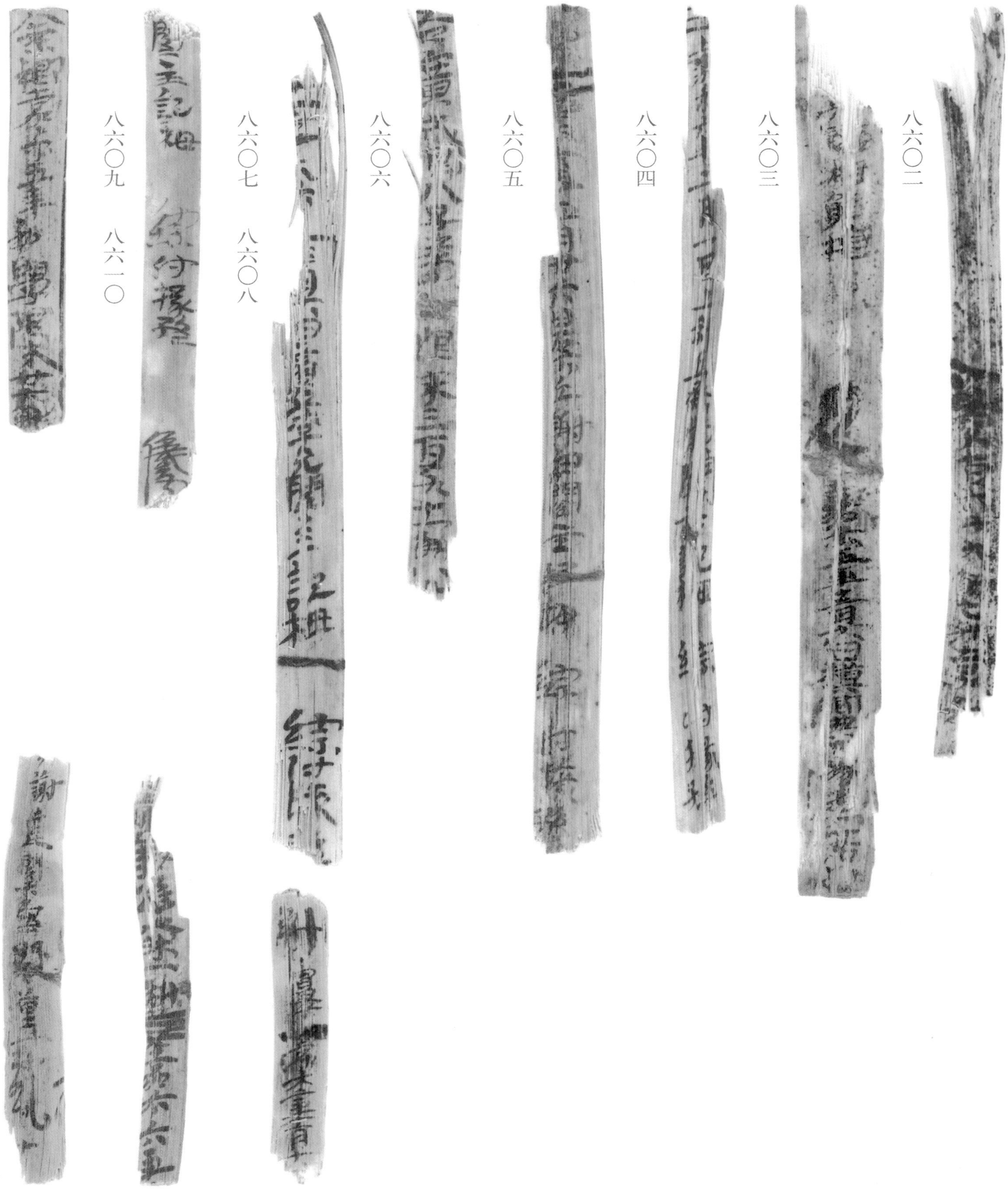

八六〇二

八六〇三

八六〇四

八六〇五

八六〇六

八六〇七　八六〇八

八六〇九　八六一〇

八六一一　八六一二

八六一三 八六一四 八六一五

八六一六 八六一七

八六一八 八六一九

八六二〇 八六二一 八六二二

八六二三 八六二四

八六二九 八六二六

八六二七 八六二八

八六二五 八六三〇

八六三一　八六三二　八六三三

八六三四　八六三五　八六三六

八六三七　八六三八

八六三九　八六四〇　八六四二

八六四一　八六四三　八六四四

八六四五　八六四六

八六四七　八六四八

八六四九　八六五〇　八六五一

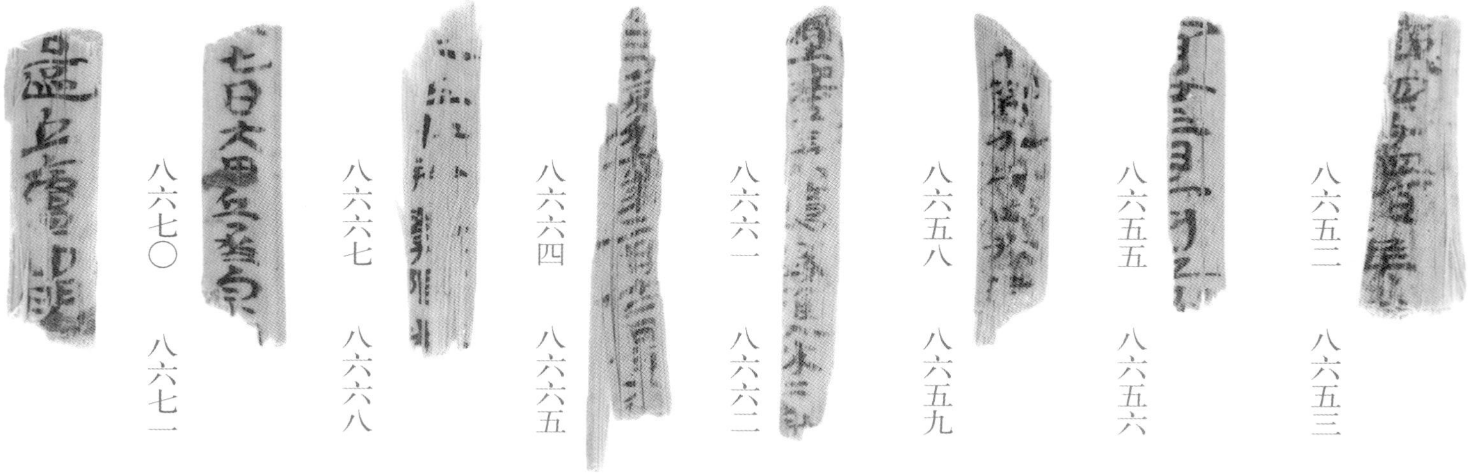

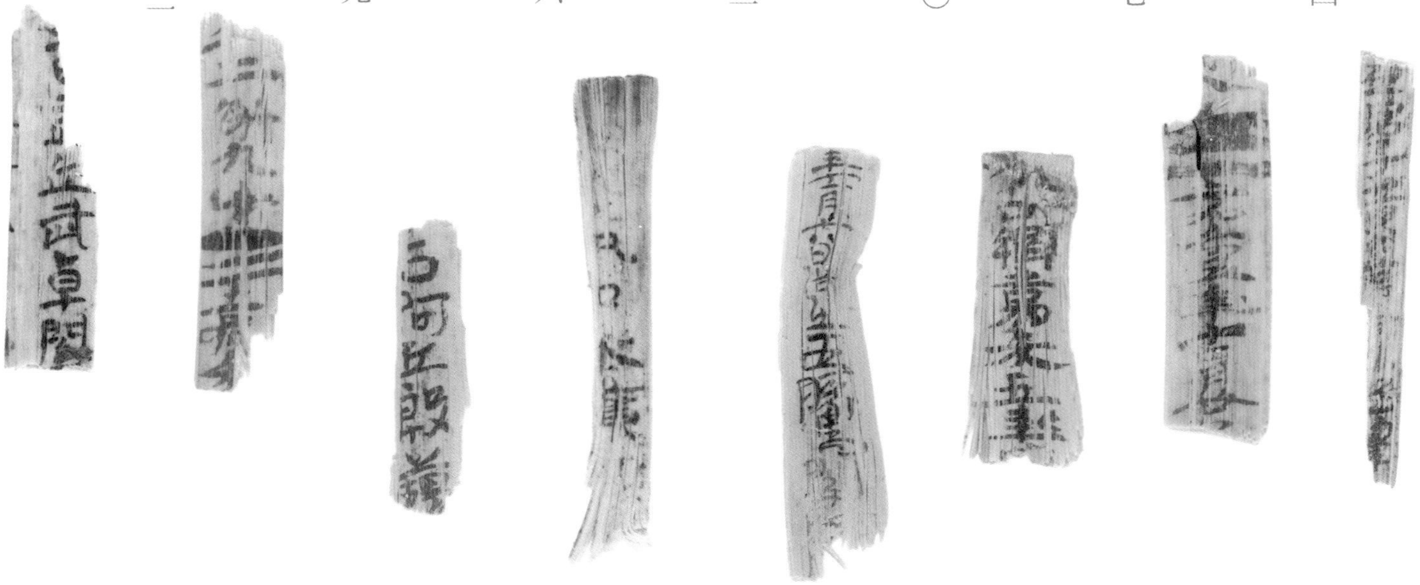

八六五二　八六五三　八六五四

八六五五　八六五六　八六五七

八六五八　八六五九　八六六〇

八六六一　八六六二　八六六三

八六六四　八六六五　八六六六

八六六七　八六六八　八六六九

八六七〇　八六七一　八六七二

八六七三　八六七四　八六七五

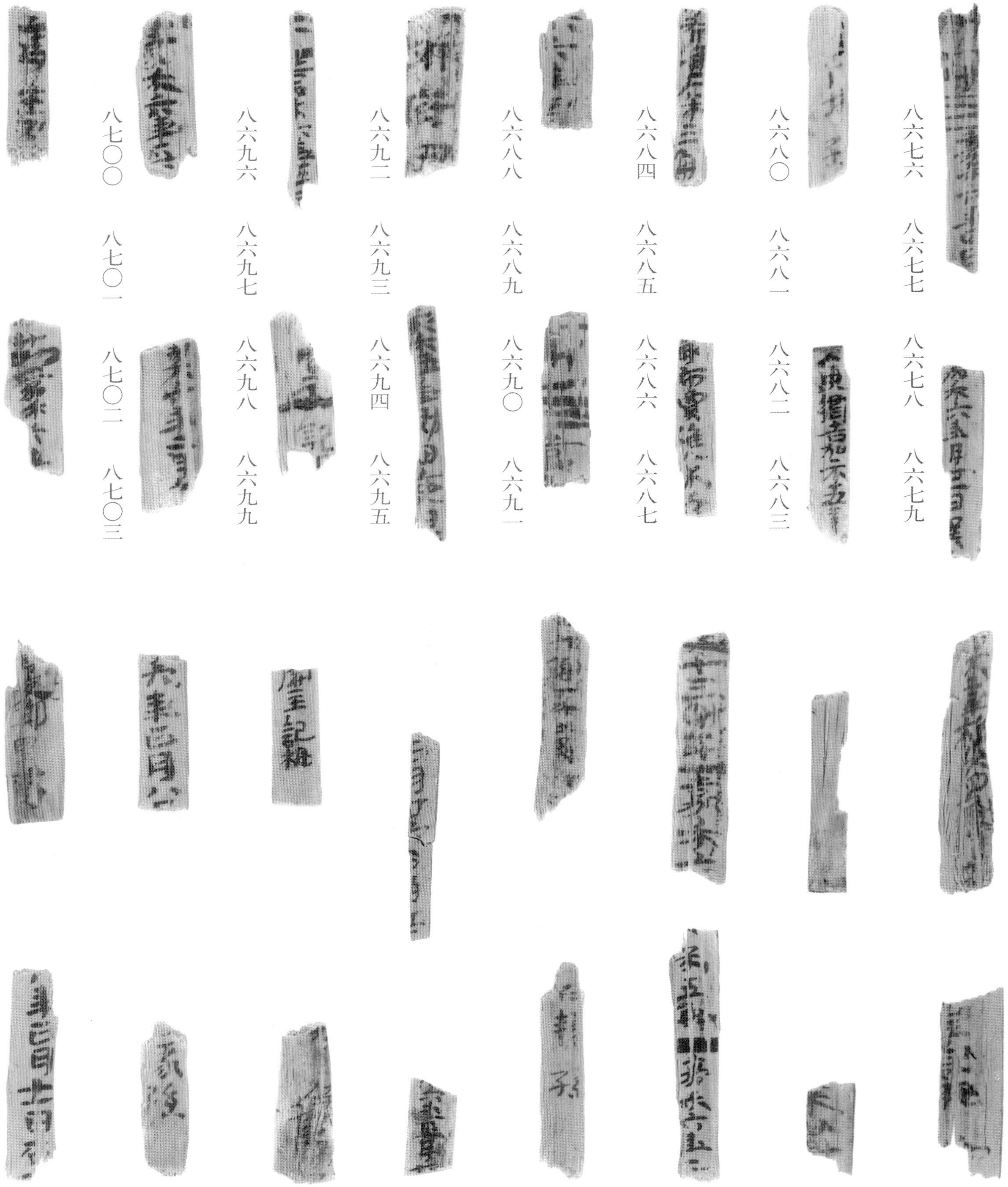

八六七六　八六七七　八六七八　八六七九

八六八〇　八六八一　八六八二　八六八三

八六八四　八六八五　八六八六　八六八七

八六八八　八六八九　八六九〇　八六九一

八六九二　八六九三　八六九四　八六九五

八六九六　八六九七　八六九八　八六九九

八七〇〇　八七〇一　八七〇二　八七〇三

八七〇四　八七〇五　八七〇六　八七〇七

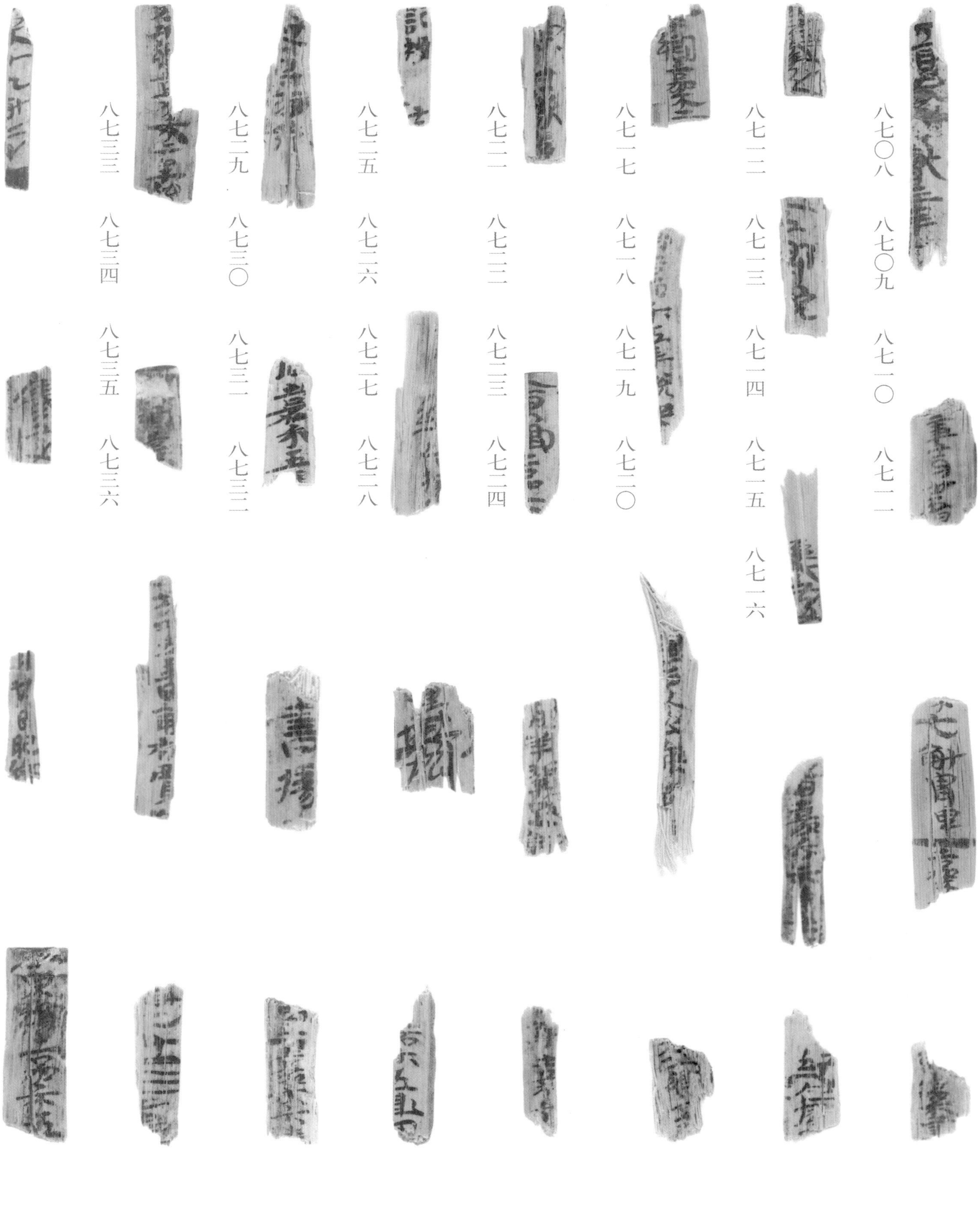

八七〇八 八七〇九 八七一〇 八七一一

八七一二 八七一三 八七一四 八七一五 八七一六

八七一七 八七一八 八七一九 八七二〇

八七二一 八七二二 八七二三 八七二四

八七二五 八七二六 八七二七 八七二八

八七二九 八七三〇 八七三一 八七三二

八七三三 八七三四 八七三五 八七三六

八七三七 八七三八 八七三九 八七四〇

八七四一 八七四二 八七四三 八七四四

八七四五 八七四六 八七四七 八七四八

八七四九 八七五〇 八七五一 八七五二

八七五三 八七五四 八七五五 八七五六

八七五七 八七五八 八七五九 八七六〇

八七六一 八七六二 八七六三 八七六四

八七六五 八七六六 八七六七 八七六八

八七六九 八七七〇 八七七一 八七七二

八七七三　八七七四　八七七五　八七七六

八七七七　八七七八　八七七九　八七八〇

八七八一　八七八二　八七八三　八七八四

八七八五　八七八六　八七八七　八七八八

八七八九　八七九一　八七九二　八七九三

八七九〇正　八七九四　八七九五　八七九六

八七九〇背　八七九七　八七九八　八八〇〇

八七九九　八八〇一　八八〇二

八八〇三　八八〇四　八八〇五　八八〇六

八八〇七　八八〇八　八八〇九　八八一〇

八八一一　八八一二　八八一三　八八一四

八八一五　八八一六　八八一七　八八一八

八八一九　八八二〇　八八二一

八八二二　八八二三　八八二四

八八二五　八八二六　八八二七

八八二八　八八二九　八八三〇

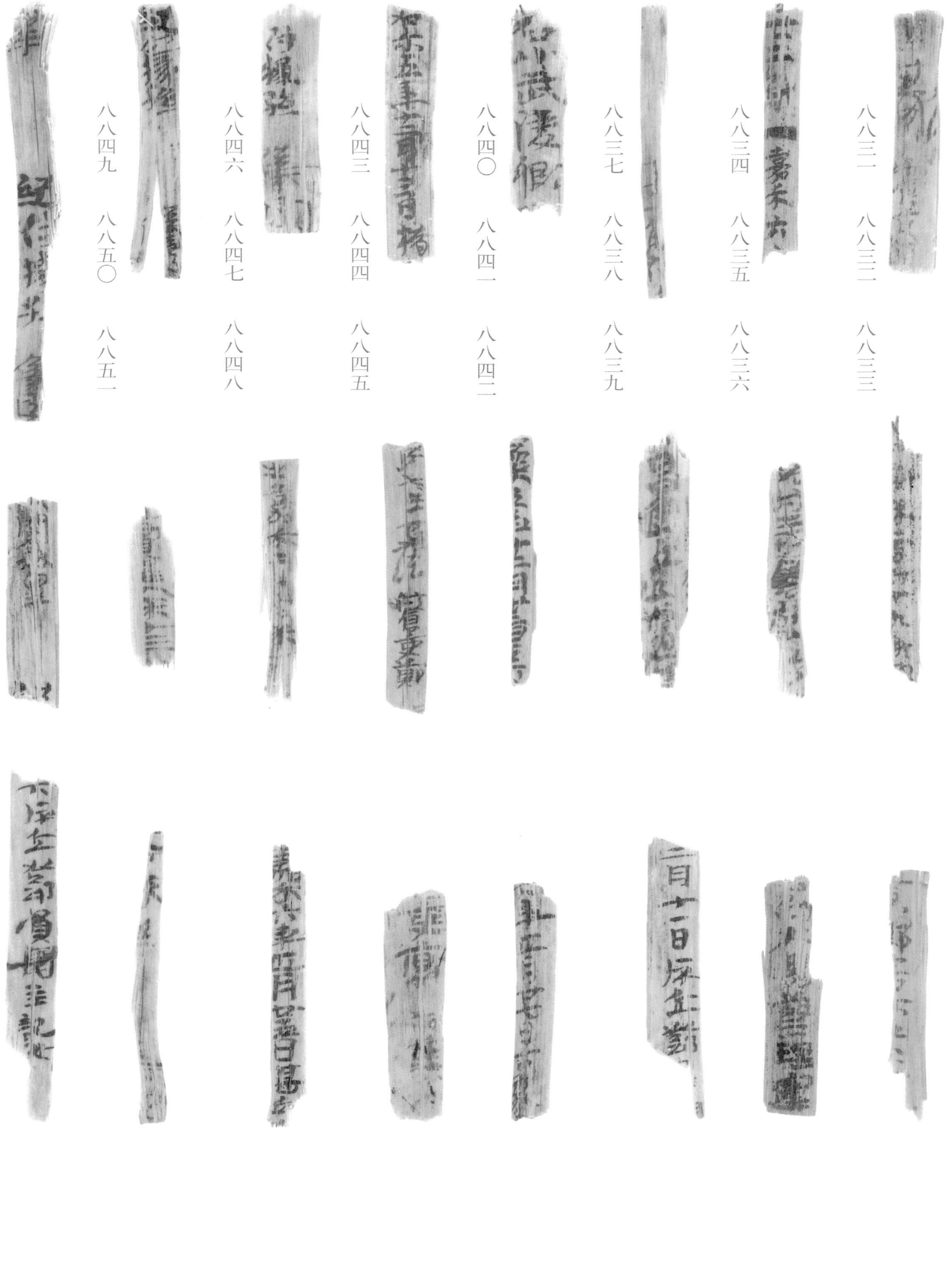

八八三一　八八三二　八八三三
八八三四　八八三五　八八三六
八八三七　八八三八　八八三九
八八四〇　八八四一　八八四二
八八四三　八八四四　八八四五
八八四六　八八四七　八八四八
八八四九　八八五〇　八八五一
八八五二　八八五三　八八五四

八八五五　八八五六

八八五七　八八五八

八八五九　八八六〇　八八六一

八八六二　八八六三

八八六四　八八六五

八八六六　八八六七　八八六八

八八六九　八八七〇

八八七一　八八七二

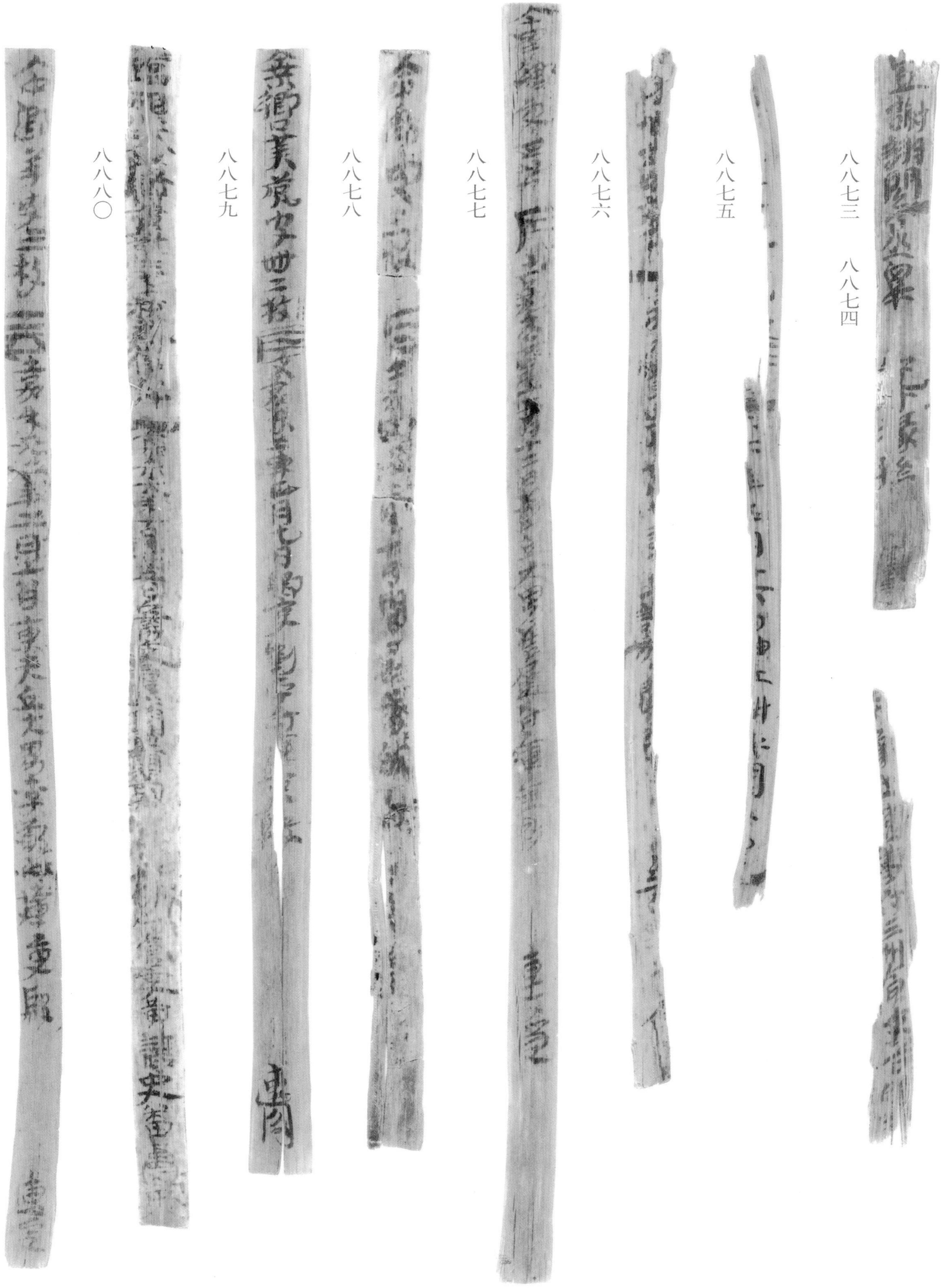

八八七三　八八七四

八八七五

八八七六

八八七七

八八七八

八八七九

八八八〇

八八八一

八八八二

八八八三

八八八四

八八八五

八八八六

八八八七

八八八八

八八八九

八八九〇
八八九一
八八九二
八八九三
八八九四
八八九五
八八九六
八八九七

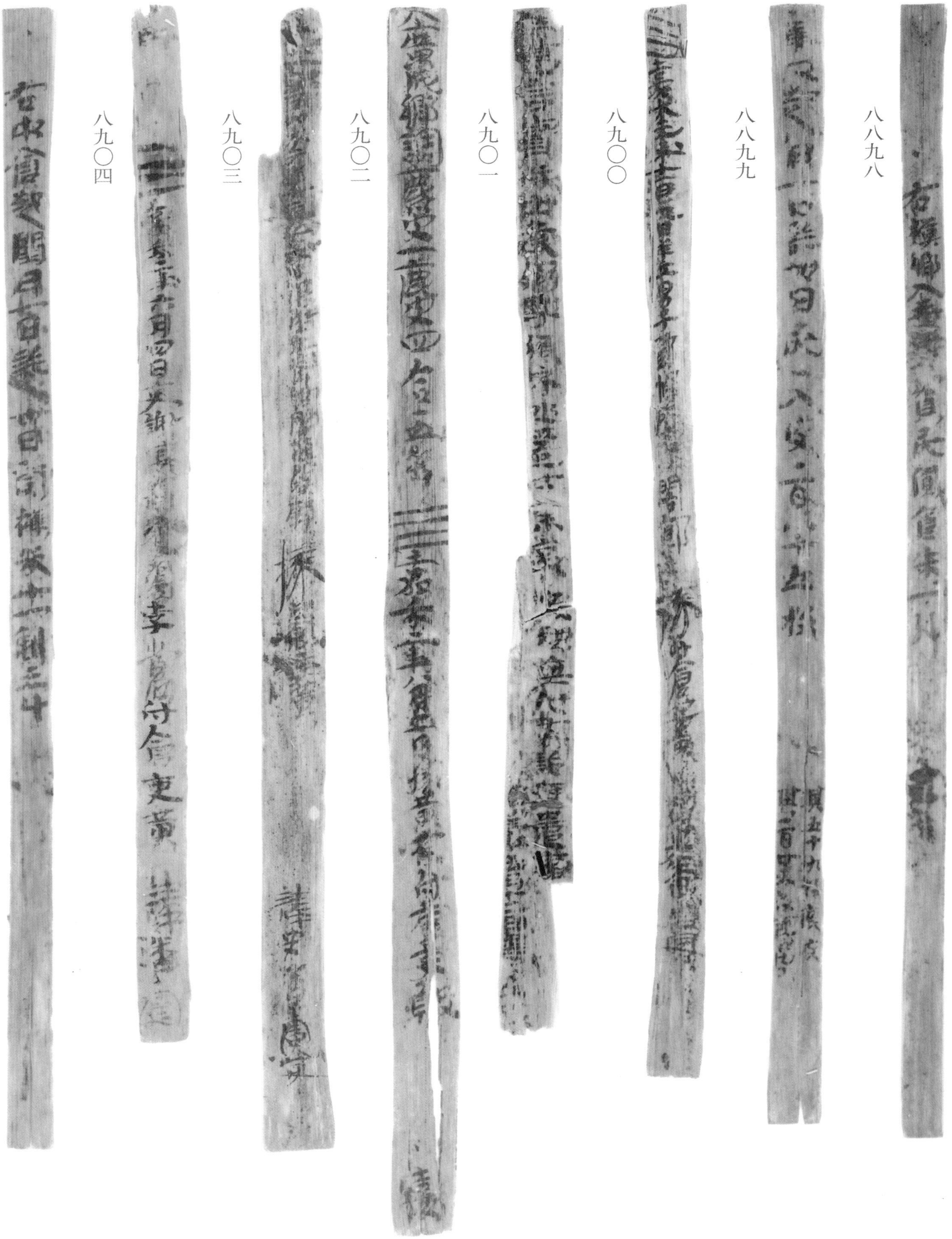

八八九八

八八九九

八九〇〇

八九〇一

八九〇二

八九〇三

八九〇四

八九〇五

八九〇六　八九〇七　八九〇八　八九〇九　八九一〇　八九一一　八九一二　八九一三

八九一四

八九一五

八九一六

八九一七

八九一八

八九一九

八九二〇

八九二一

八九二二

八九二三

八九二四

八九二五

八九二六

八九二七

八九二八

八九二九

八九三〇

八九三一

八九三二

八九三三

八九三四

八九三五

八九三六

八九三七

八九三八
八九三九
八九四〇
八九四一　八九四二
八九四三　八九四四
八九四五　八九四六
八九四七
八九四八

八九四九

八九五〇

八九五一

八九五二

八九五三

八九五四

八九五五

八九五六

八九五七

八九五八

八九五九

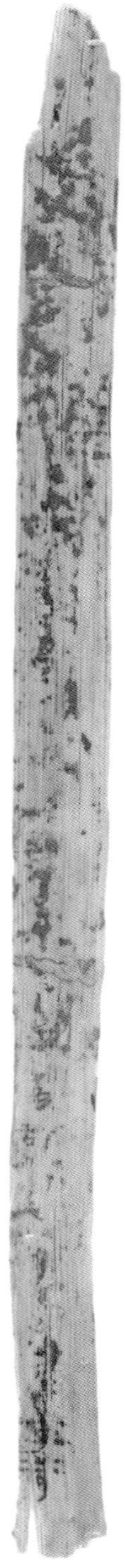
八九六〇

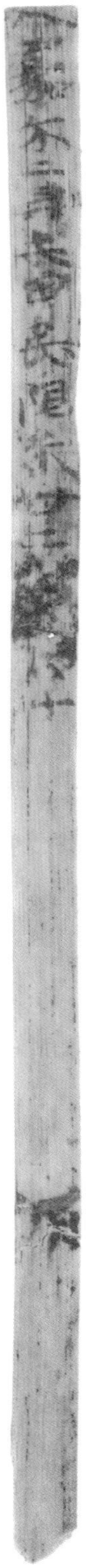
八九六一

八九六二

八九六三

八九六四

八九六五

八九六六

八九六七

八九六八

八九六九

八九七〇　八九七三

八九七一　八九七二

八九七四　八九七五

八九七六　八九七八

八九七七　八九七九

八九八〇　八九八二

八九八一　八九八三

八九八四　八九八五　八九八六

八九八七　八九八八　八九八九

八九九〇　八九九一　八九九二

八九九三　八九九四　八九九五

八九九六 八九九七 八九九八 八九九九

九〇〇〇 九〇〇一 九〇〇二 九〇〇三

九〇〇四 九〇〇五 九〇〇六 九〇〇七

九〇〇八 九〇〇九 九〇一〇 九〇一一

九〇一二 九〇一三 九〇一四 九〇一五

九〇一六 九〇一七 九〇一八

九〇一九 九〇二〇 九〇二一

九〇二二 九〇二三 九〇二四

九〇二五　九〇二六　九〇二七

九〇二八　九〇二九　九〇三〇

九〇三一　九〇三二　九〇三三

九〇三四　九〇三五

九〇三六　九〇三九

九〇三七　九〇三八

九〇四〇　九〇四二

九〇四一　九〇四三

九〇四四　九〇四五　九〇四六

九〇四七　九〇四八　九〇四九　九〇六六

九〇五〇　九〇五一　九〇五四

九〇五二　九〇五三　九〇五五

九〇五六　九〇五七

九〇五八　九〇五九　九〇六一

九〇六〇　九〇六二　九〇六三

九〇六四　九〇六五　九〇六七

九〇六八

九〇六九

九〇七〇

九〇七一

九〇七二

九〇七三

九〇七四

九〇七五

九〇七六

九〇七七

九〇七八

九〇七九

九〇八〇

九〇八一

九〇八二

九〇八三

九〇八四
九〇八五
九〇八六
九〇八七
九〇八八
九〇八九
九〇九〇
九〇九一